Adriano Sofri

Die Gefängnisse der anderen

Aus dem Italienischen übersetzt,
mit Anmerkungen und einem Nachwort versehen
von Volker Breidecker

Edition Epoca

Titel der Originalausgabe:
«Le prigioni degli altri»

1. Auflage, August 2001

Satz und Gestaltung: Tatiana Wagenbach-Stephan, Zürich
Umschlag: Gregg Skerman, Zürich
Druck: Franz Spiegel Buch GmbH, Ulm
ISBN 3-905513-25-0

Inhalt

Ich widme diese Seiten
vielen Menschen
drinnen wie draußen
und ganz besonders
Oreste del Buono

Es war ein schöner Sommermorgen. Das Licht schaukelte auf dem zarten Grün der Pappeln und Glyzinien und dem dunklen Grün der Pinien und Zypressen, bis es sich wie ein Schleier auf das üppige Gras des Tals niederlegte. Auf dem Bergkamm, der das Tal am Horizont umfing, erstrahlten die weißen Flecken der Robinien und des Weißdorns neben dem Gold der Ginsterbüsche. Auf einer Anhöhe stand ein Bauernhaus. Ein kleiner Hängegarten diente ihm als Terrasse, ein dreibogiger Portikus als Eingang. Rund um den Hof ragten ein Turm mit Sonnenuhr und die beiden Geschosse des Hauses empor. Die abfallenden Dächer hatten teils alte, gelbe und poröse, teils neue, rote und leuchtende Ziegel.

Ein Morgen folgt träge dem anderen, und die Tage gleichen einander in angenehmer Weise. Das Bauernhaus steht bereits in vollem Licht, noch aber bleibt ein Fenster des Obergeschosses verriegelt. Vor dem geschlossenen Zimmerfenster taucht die alte Katze auf und beginnt zu miauen. Auf der Tenne warten die Hunde. Da öffnet sich das Fenster einen Spalt breit, bis es sich ganz auftut und die Sonne das Zimmer durchflutet, auch sie ungeduldig darüber, daß man sie noch nicht hineingelassen hat. Jaulend und mit den Schwänzen wedelnd, stieren die Hunde nach oben, und plötzlich laufen sie zum Eingangstor. Ein Geräusch aus der Kehle der Katze will sagen: Endlich!

Wer möchte einer Geschichte nicht die Kost eines strahlenden Morgens voller Leben mit auf den Weg geben? Da liegt ein schönes grünes Tal in voller Blüte: Robinien und Weißdorn, Iris und Paulownien, Hundsrosen und Ginster. Da steht ein Bauernhaus mit Turm, Portikus und Sonnenuhr, und die abfallenden Dächer sind umwoben vom

Geflatter und Gezwitscher der Vögel. Leicht gemildert von der Brise, dringt warme Luft durch die weit geöffneten Fenster ein.

Doch mit einem Male bricht die Reihe der Tage, die im Gleichmaß schöner Sommermorgen aufeinanderfolgen – der heutige Tagesanbruch kaum wärmer als der gestrige –, ab. Ein schöner Morgen, sogar der Mond steht noch am Himmel, denn es ist noch nicht richtig Tag. Kaum kratzt der Sonnenaufgang mit rosafarbenen Fingern am Horizont. Dies ist die Stunde der Einbrüche, aus welchem Vermächtnis meuchlerischer Überfälle auch immer.

Verhaftung

Bei Tagesanbruch des 28. Juli 1988 wurde ich unter einem gewaltigen Aufgebot von Menschen und Mitteln verhaftet. Die Hunde kläfften, und als ich sie verscheuchte, waren sie enttäuscht. Unter Ordnungskräften, die Durchsuchungen und Verhaftungen vornehmen, gleich ob in Zivil oder in Uniform, ob mit bloßen Händen oder mit Revolvern und Maschinenpistolen im Anschlag, ist immer einer dabei, der mahnt, er habe Angst vor Hunden, und der – es tut ihm leid – schießen muß, wenn sie sich ihm nähern. Menschen, die sich vor Hunden fürchten, nehmen ihre Angst oftmals wie ein verbrieftes Recht in Anspruch oder betrachten sie gar als ihr besonderes Kennzeichen. Im übrigen verhielt sich diese Schar von Carabinieri und Polizisten jedoch höflich. Man wies mich darauf hin, daß ich einen Anwalt verständigen könnte – nein, danke –, nahm einige meiner privaten Briefe eher zurückhaltend zur Kenntnis, und wie üblich fragte man mich danach, ob ich die Bücher denn alle gelesen hätte. Sie überreichten mir einen Haftbefehl, der weitschweifig und peremptorisch wie nur eine Urteilsspruch war. Ich las nicht einmal alles, denn zu dieser frühen Stunde, ohne sich auch nur das Gesicht gewaschen zu haben, zumal im Sommer, fühlt man sich noch leidlich lustlos und unverträglich. Es ging sogar um eine Mordtat, von vor sechzehn Jahren. Eine Art postalischer Fehlleitung.

Ich packte meine Sachen zusammen: einen Pyjama, ein paar Kleidungsstücke, die Toilettenartikel, zwei Bleistifte und einen Bleistiftspitzer, Gontscharows *Oblomow* und den *Führer durch die Welt der Bäume Europas*, weil man im Gefängnis etwas zum Lesen und – den *Oblomow* – zum Wiederlesen braucht. Um einer Beschlagnahme meines alten Parker 51 zuvorzukommen, ersetzte ich ihn durch einen Kugelschreiber, zumal ich mir selber sagte, daß die Tintenbeschaffung im Gefängnis schwierig werden würde. Ich sollte Ihnen Handschellen anlegen, sagte einer, aber ich tue es nicht. Wie Sie wollen, erwiderte ich. Draußen flimmerte der Himmel bereits unter der Hitze, und ich dachte daran, daß ich den für die kommende Nacht zu erwartenden Vollmond verpassen würde. Mein Haus steht an einem Abhang, von dem aus der Mond gut zu sehen ist.

Ich wurde nach Scandicci, zur nächsten Dienststelle der Carabinieri gebracht. Dort verbrachte ich zwei oder drei Stunden im Geschäftszimmer des lokalen Befehlshabers. An den Wänden hing:

Ein Verzeichnis der AMTSTRÄGER DER REPUBLIK, deren Namen in hierarchischer Folge in immer kleiner werdender Schrift gedruckt waren, was von meinem Schemel aus wie die Schautafel beim Sehtest wirkte. Beim Lesen gelangte ich bis *Generalstabschef Verteidigung Admiral Mario Porta.*

Ein illustrierter Kalender, ein Aquarell mit der Ansicht eines Meeres unter Palmen – Bengasi vielleicht, oder Alassio – und ein Regal mit mehreren Reihen Aktenbündeln, von denen die meisten die Aufschrift MONSTER trugen und offenbar auf jenen Zeitraum zurückreichten, als das «Monster von Florenz» noch den Ortsnamen von Scandicci trug.

Ein junger Carabinieri trat ein, ein ruppiger Römer, der mich im linken Seitenprofil und von vorne fotografierte und sich dann daran machte, die erkennungsdienstlichen Formulare der Kriminalpolizei auszufüllen, denen ich meine Fingerabdrücke hinzufügen sollte. Er fragte mich, ob ich schon jemals verhaftet worden sei. Ja – gab ich zur Antwort –, im Jahr 1970 in Turin, worauf er in Blockschrift niederschrieb: VORBESTRAFT. Ich entgegnete, daß man mich wegen erwiesener Unschuld am Ende freigesprochen habe und daß er sich das Formular mit dem Eintrag VORBESTRAFT selber unterschreiben könne. Daraufhin stieß er eine Reihe von Drohungen aus, doch seine Kollegen beschwichtigten ihn, er solle es dabei belassen. Er zog sich eine Art durchsichtiger Plastikhandschuhe an, von jener Sorte, wie Gynäkologen oder das Monster von Scandicci sie benutzen – die förmlichen Prozeduren des strafrechtlichen Betriebs ähneln in der Tat den Aufnahmeritualen von Krankenhäusern –, und er schmierte mir schwarze Tinte auf die Finger und die Handflächen, die ich sodann auf die dafür vorgesehenen Felder preßte. Ich war hin und hergerissen zwischen dem körperlichen Widerwillen vor dieser Operation und einer Kindheitserinnerung an die Abdrücke der mit Tinte verschmutzten Fingerkuppen in den Schulheften der dritten Klasse, die mich in das faszinierende Spiel der Linien versenken ließen. Ich dachte an Querkopf Wilson, den ich in jungen Jahren gelesen hatte, und an die Gorillas, die an den Abdrücken ihrer Nasen zu erkennen waren. Ich fragte mich, wo wohl die Fingerabdrücke geblieben sein könnten, die ich 1970 im Registerbuch der *Carceri Nuove* von Turin hinterlassen hatte, und ob dem Vergleich die Zeichen der verflossenen Zeit anzusehen wären. In Turin war es Abend, als ich nach dem Freispruch das Gefängnis verließ, und das Depot für die Aufbewahrung der persönlichen Habe hatte bereits geschlossen. Am Tage danach war eine der damals üblichen Revolten ausgebrochen, und dabei sei, wie man mir später erklärte, alle persönliche Habe entweder zerstört worden oder verlorengegangen. Verlustmeldungen: ein Füllfederhalter der Marke «Aurora», ein Paar gebrauchte Schnürsenkel und ein Ring, auf dem ein Name und ein Datum eingraviert waren.

Mühsam wusch ich mir die kriminalistische Tinte an den Händen mit einer rosafarbenen Reinigungsflüssigkeit ab, von der ein abscheulicher Geruch auf der Haut zurückblieb. Es hätte mir recht sein können, da ich ohnehin dazu neige, mich an der Nase zu kratzen. Als ein bedauernswertes Symptom des Alterns wird die Nase bekanntlich dicker und beginnt auf lästige Weise zu jucken. Doch da kamen zwei weitere Carabinieri von der Überführungstruppe, die mir Sklavenringe an den Handgelenken befestigten – jene schweren Eisen, die sich mit einer Kette zusammen verschrauben lassen –, so daß die Nase außer Reichweite der Hände war. Die Überführungsbeamten sperrten mich in die vergitterte Kabine ihres Gefängniswagens ein, und dort verbrachte ich die ganze Fahrt von Florenz bis nach Mailand wie in einem Backofen. Ein Carabiniere fuhr den Wagen, während der andere ab und zu einnickte: Jedes Mal, wenn er aus dem Schlummer gerissen wurde, machte er einen Satz in die Höhe und drehte sich nach hinten, um sicherzugehen, daß ich mich noch immer im vorgesehenen Käfig befand. Durch das Gitter fixierte ich ein wenig seine Augen, um ihm seine Schläfrigkeit zum Vorwurf zu machen. Dann wurde ich es leid und, so seltsam das in dieser körperlich wie seelisch unbequemen Lage auch erscheinen mag, nickte ebenfalls ein. Obgleich in diesem Sommer – wenn auch erst seit sechs Tagen – eine Geschwindigkeitsbegrenzung bei 110 Stundenkilometern in Kraft war, fuhr der Gefängniswagen mit 130. In Mailand aber verfuhren sie sich und brauchten ewig lange, um meinen geheimen Bestimmungsort, die Kaserne am Viale Berengario zu finden.

In der Kaserne wurden mir der Hosengürtel, die Schuhe – obschon ich vorsichtshalber Mokassins ohne Schnürsenkel angezogen hatte –, die Brille und sogar die Socken abgenommen. Natürlich auch das übrige Gepäck. Befreit von jedem Zubehör, das mir erlaubt hätte, mich aufzuhängen oder mir sonstigen Schaden zuzufügen, wurde ich in eine Sicherheitszelle eingeschlossen. Sie ist keine anderthalb Meter breit und keine zwei Meter lang, hat eine Panzertür, ein Guckloch, das eine Hand breit ist und keine Luft von draußen, sondern nur von einem kleinen Sackflur hereinläßt, und sie ist mit einem klapprigen Tisch möbliert. Die für meine Versorgung zuständigen Carabinieri, einige stammten aus der Kaserne, andere wurden eigens für mich abkommandiert, waren zuvorkommend. Als ich sie wissen ließ, daß ich es nicht hinnehmen würde, mich barfuß über diesen widerwärtigen Fußboden zu bewegen, wurde ein Unteroffizier mit meinem Geld weggeschickt, um ein Paar Espadrilles zu kaufen, mit denen ich zufrieden war. Ich begann wieder zu spüren, wie sehr man an elementaren Errungenschaften hängt, ein Gefühl, das aus jedem Gefangenen einen schiffbrüchigen Robinson macht. Im Jahr 1970 in den *Nuove* gab es ältere Gefängnisinsassen, die aus einem einzigen geschmuggelten Schwefelholz vier machen konnten, und aus einer zum Kegel zusammengerollten Zeitung machten sie heimlich ein langsam abbrennendes Feuer.

Ansonsten wandte ich mich durch die Vermittlung der Carabinieri schriftlich an den Untersuchungsrichter, damit mir die Erlaubnis erteilt würde, eine Brille und wenigstens ein Buch sowie Papier und Bleistift in Empfang zu nehmen. Zwischenzeitlich verweigerte ich jede Nahrungsaufnahme, denn dies war die einzig mögliche, wenn auch schwache Form des Protests. Aus Gründen der Ökonomie hütete ich mich jedoch vor der Ankündigung eines Hungerstreiks – ich war lediglich entschlossen, nichts zu essen. Zwei Tage verbrachte ich ohne Nahrung, bis an deren Ende die Erlaubnis des Haftrichters zum Lesen und zum Schreiben eintraf. Darüber war ich gleich sehr zufrieden, auch wenn die Lichtverhältnisse ziemlich schwach waren. In Wahrheit hätte ich gerne nochmals einen ganzen Tag lang gefastet, denn nichts läßt eine konzentriertere Aufmerksamkeit zu, frei von aller Ungeduld gegenüber der Zeit, und ist der Geistesgegenwart am Ende förderlicher, als Fasten. Gegen Ende der ersten Nacht, als ich seit gut dreißig Stunden nichts mehr gegessen hatte und als sich in der drückenden und schweißtreibenden mitternächtlichen Hitze so etwas wie eine frische Brise einstellte, mußte ich dringend auf die Toilette. Ich klopfte, und man öffnete mir, und wäßrig wie ein Kleinkind schiß ich in das enge Stehklosett am Ende des Korridors, wo ich in Gegenwart der mich mit Maschinenpistolen am Arm bewachenden Carabinieri die Tür offenstehen lassen mußte. Man glaube ja nicht, daß sich da eine Sorge um das eigene Schamgefühl oder für das mögliche Unbehagen jener armen Teufel einstellte. Ruhig kümmert man sich allein um sich selbst, und es ist etwas Heiliges an dieser zur Schau gestellten Körperlichkeit. Ich beschloß, daß zwischen mir, der hier elend zusammengekauert stand, und ihnen, die mich feindselig überwachten, *sie* diejenigen waren, die sich schämen und sich den Blick verkneifen sollten. Im übrigen besitzt eine derart groteske Szenerie ihre eigene, kreisförmige Logik: Man wird überwacht, damit man sich nicht umbringt, und das nicht ohne Grund, weil man einem Zustand ausgeliefert ist, der viele normale Kreaturen in die Verzweiflung treiben würde. Wenn solch fürsorgliche Überwachung in Form einer gezückten Maschinenpistole vor einem entblößten Körper stattfindet, so ist dies Teil der professionellen Absurdität.

Ich machte mir Sorgen um meine Angehörigen draußen, denen es sicher schlechter als mir ging. Ich stand unter dem Schutz derselben Isolierung, die mich jeder Initiative beraubte. Der Freiheit und damit auch der Eigenverantwortung entledigt, war nichts daran zu ändern. Trotz alledem gelang es mir in der ersten Nacht mit Unterbrechungen zu schlafen. Mit den ersten Telegrammen am Morgen darauf (die Telegramme schafften tatsächlich den Weg bis in die Sicherheitszelle, wenn sie auch vorsorglich durch die Zensur gingen) wurde mir klar, daß man draußen nicht einmal wußte, wo ich überhaupt war, denn die Telegramme waren an die Hauptkaserne in der Via Moscova adressiert. Das war natürlich gesetzwidrig und ließ diese Untersuchungshaft einer Freiheitsberaubung gleichkommen. Ich erinnerte mich an das erste Telegramm, das ich achtzehn Jahre zuvor in den *Nuove* erhalten hatte: Es hatte die Länge eines Briefs, war energisch formuliert, und es trug die Unterschrift von einem, der selbst durch den Kerker gegangen war und ihn nicht mehr vergessen hatte – Pier Paolo Pasolini.

Die Telegramme durfte ich nicht beantworten. Wiederum über die mir speziell zugewiesenen Carabinieri beantragte ich beim Haftrichter die Genehmigung zum Versand eines Telegramms an meine Mutter und legte den Text bei. Darin wurde die mehrdeutige Wirksamkeit einer heiligen Ikone aus Zagorsk erwähnt, worüber sogleich Verdacht und Aufforderungen nach Erklärung entbrannten. Es ging um Folgendes: Vor nicht einmal zwei Monaten, beim Aufbruch zu einer Reise nach Rußland, wo ich an der Tausendjahrfeier der Christianisierung teilnehmen sollte, hatte mich meine Mutter halb scherzhaft, halb ernsthaft darum gebeten, um ihrer Heilung von einer Krankheit willen die wundertätige Ikone des Klosters vom heiligen Sergius um Fürbitte zu ersuchen, was ich meiner Mutter, wiederum halb scherzhaft, halb ernsthaft, auch versprach. Sobald ich in Zagorsk angelangt war und vor Andrej Rubljows verehrten Bildern der Dreifaltigkeit und der Madonna stand, fragte ich mich, was zu tun sei. Wie sollte das Gebet eines Ungläubigen Gehör finden? Andererseits mußte es auch einem Ungläubigen erlaubt sein, das Gebet eines anderen weiterzugeben. Schließlich betete ich irgendwie. Ich hatte gelesen, daß die Wunderkraft der Ikonen auch aus dem Glauben von Gebeten hervortrete, die sich im Laufe der Jahrhunderte angesammelt hatten. Es war gleichsam so, als hätte jener Glaube einen Teil seiner Stärke den Ikonen zur Aufbewahrung anvertraut. Kurz und gut, vor den Mauern von Zagorsk breitete ich mein Problem aus. Und so unterrichtete ich meine Mutter jetzt, in jenem heiklen Telegramm, von dem gewundenen Weg, den ihr die Jungfrau von Zagorsk auferlegt habe, auf daß es ihr gut erginge und sie weiter auf mich wartete: Es ging nicht mehr um ihr Wohlbefinden, sondern um das meine. Das Telegramm konnte nach langem Hin und Her und manchen Einwänden – war es möglicherweise verschlüsselt, verdunkelte es nicht etwa die Beweise? – auf den Weg gehen. Was meine Mutter betraf, so blieb sie stark wie eine Eiche: Zum ersten Mal in ihrem Leben, mit über achtzig Jahren, und erhobenen Hauptes setzte sie ihren Fuß in das Sprechzimmer eines Gefängnisses. Kaum ein Jahr darauf ist sie verstorben.

Auf dem Roten Platz kam mir der Gedanke, daß die Theologie der Ikonen unter den gegebenen Verhältnissen auch auf die Reliquien der bolschewistischen Oktoberrevolution anwendbar sei: Der stumpfe und unumstößliche Glaube von Generationen politischer Pilger mußte sich gewissermaßen den Gedenktafeln angeheftet haben, den riesenhaften Skulpturen, dem ganzen kommunistischen Plunder und der Mumie von Lenin selbst. Auch vor den Idolen jenes offiziell gescheiterten Gottes könnten die mittlerweile Ungläubigen schlichtweg beten.

Und so sind die beiden ersten Tage – jene, in denen es mir an allem mangelte – in Aufmerksamkeit für die Regungen des Körpers und der Seele sowie für die Gewohnheiten des Hauses verlaufen: Da ist die ermattende Hitze, der gewaltige Lärm von lauten, nachhallenden Stimmen und von Kettengerassel. Da ist das wiederholt, zu jeder Stunde und auch in der Nacht geöffnete Guckloch – der Türspion, der *Kleine Bruder*. Manchmal frage ich aus Höflichkeit: «Wieviel Uhr ist es?» Ein andermal fragen die Späher, ebenfalls aus Höflichkeit: Alles in Ordnung? Ich schlafe zeitweise, und ich komme mir vor wie ein Mönch oder wie ein unfreiwilliger Höhlenforscher. Vor allem fehlt mir die Möglichkeit zum Schreiben, denn zum Lesen verspüre ich wenig Lust. Lesen heißt, einer gewählten Zerstreuung nachzugehen, Schreiben ist die wirksamste Art der Konzentration. Auch kann ich nicht einmal drei ganze Schritte innerhalb dieser kleinen Zelle machen. Als ich dann am 30. Juli, dem dritten Tag, Papier und Schreibgerät erhielt, überkam mich ein merkwürdig komischer Impuls zum Arbeiten und an das Aufzeichnen von Dingen zu gehen, die ich mir schon seit langem vorgenommen, unter dem leidigen Alltag jedoch immer wieder aufgeschoben hatte. Ich hätte gerne einen umgekehrten *Oblomow* verfaßt, eine Erlösung des Helden der romantischen Faulheit und des Schlafs mit offenen Augen in der Zeit der Energiekrise. Jetzt wird die Stunde der Versuchung durch den Schlaf kommen, der in Momenten, in denen sich gar zu große Wogen über das Leben im Wachzustand ergießen, eigenartig betäubend wirkt. Oblomows Schläfrigkeit ist eine Tatsache, genauso der Übergang der Schläfrigkeit in das noble Reich des Traums – und unser kleines Leben ist vom Schlaf umfangen. So heißt es bei Shakespeare, zitiert zu Beginn von Fernando Pessoas Büchlein mit dem Drama *O Marinheiro* («Der Seemann»), das mir als eines der ersten ausgehändigt wurde. Es war mein Bruder, der mehrere Bücher in die falsche Kaserne brachte, darunter auch eine handliche Ausgabe von *Krieg und Frieden* sowie den jüngsten Kundera *Das Buch der lächerlichen Liebe*. Auch mein Bruder hat sich wohl gedacht: etwas zum Wiederlesen und etwas zum Lesen. In der Erzählung von Milan Kundera entdecke ich – apropos Romantheorie – die Klage eines Protagonisten von vierzig Jahren: Der Held eines Romans müsse zwanzig Jahre alt sein. Ich zähle deren sechsundvierzig, und so phantastisch die Handlung, in die ich mich verfangen habe, auch sein mag, ich fühle mich dabei doch genauso deplaziert wie jemand, der als Erwachsener an

Mumps erkrankt. Kann ich *Krieg und Frieden* lesen und mir dabei vorstellen, Andrej, Pierre oder Rostow zu sein, auch daß Natascha existiert, und ich ihr begegne und mich in sie verliebe?

Zur Vermeidung von Mißverständnissen erkläre ich mich auf der Stelle zum unpolitischen Gefangenen.

Die Sicherheitszelle ist ein so unglückseliger Ort, daß sogar die Mücken die Flucht ergreifen. Gleich zwei davon habe ich am ersten Tag zermatscht, mit dem Hintergedanken, anläßlich meines Zuzugs auf den frisch geweißten Wänden ein Zeichen der Einweihung zu hinterlassen. Am zweiten Tag habe ich nur eine einzige Mücke erspäht, die unerreichbar hoch oben an der Decke saß: Am dritten Tag war nicht einmal mehr sie vorhanden. Einen Augenblick, in dem die Tür offenstand, wird sie zum Ausbruch genutzt haben, um dorthin zu fliegen, wo genug Luft und Licht vorhanden waren, um eine Mücke wieder zum Leben zu erwecken. Trotz ihres frischen weißen Anstrichs ließen die Wände gleichwohl die Graffiti der Vormieter durchscheinen. LUCA 8.12.76. LUCIANO BESSANO. Die Zeichnung eines Quadranten, ein R, ein großes, unterbrochenes F, ein fein (mit den Fingernägeln?) eingeritzter Dialog: WO IST MEIN KÖRPER? Und darunter: VON DEINEM KÖRPER SPÜRE ICH NUR ... (unlesbar) VALENTINO.

Ich werde die Wand nicht beschriften. Während des Kriegs zwischen dem Iran und dem Irak schaffte ich es zu meinem Glück, nach Persepolis zu gelangen, und dort ging ich in jenen wunderbaren Ruinen umher, die keine Besucher mehr hatten, da sie von den Kriegseinwirkungen bedroht waren. Beim Entziffern der gekritzelten Hinterlassenschaften der Touristen las ich, dick und fett in den Marmor eingraviert mit dem Datum daneben, den Namen – SIR HENRY RAWLING 1838 – des berühmten archäologischen Erkundungsreisenden. Auch britische Baronets schreiben ihre Namen auf Wände. An eine andere Episode wurde ich wenige Tage vor der Verhaftung erinnert, als mich ein Journalist des «Espresso» anrief. Er stellte gerade einen Sommerbeitrag zusammen, zur Rolle der Post heute für den Versand von Liebesbriefen. Nein, danke, gab ich ihm zur Antwort. Ob ich von anderen wüßte, die er befragen könnte? Hm, ich weiß niemanden, mir kommen nur Heloïse und Abaelard in den Sinn, versuchen Sie's doch mal in den Klöstern, in den Gefängnissen.

In Wahrheit hätte ich schon eine kleine Geschichte parat gehabt. Als ich Ende 1970 im Gefängnis war, ließ man mich nach Saluzzo «verfrachten» – was gegen das Gesetz verstieß, da dies ein Strafgefängnis für Verurteilte war, doch man weiß ja, wie solche Dinge laufen. Saluzzo erinnerte mich an nichts, oder beinahe doch: an Silvio Pellico und an den Buchdrucker Bodoni. Ein Gedenkstein am Eingang erinnerte an den Durchgang von Rodolfo Morandi. Eine Strafanstalt war völlig verschieden von einem riesigen und überfüllten Untersuchungsgefängnis wie den *Nuove*, das voller Personen ist, die in Erwartung des Urteils von der Ungeduld über das eigene Schicksal beherrscht werden. Die Insassen eines Strafgefängnisses waren endgültig verurteilt, häufig für sehr lange, und versuchten ein Leben nach einer methodisch geregelten und unbeugsamen Ordnung zu führen. Es konnte vorkommen, daß sie ihre Welt nicht mehr außerhalb, sondern innerhalb des Kerkers hatten. Sie arbeiteten, kümmerten sich um die Details, brachten gewissermaßen Gardinen an und gründeten, wenn man so will, eine Familie. Die Brutalität war nur dürftig verborgen. Viel zu verlieren gab es dort nicht – geschweige denn zu gewinnen. In Untersuchungshaft konnte man sich für eine Unterredung verkaufen oder im Aufflammen einer Revolte alles verspielen. In einer Strafanstalt herrschten Langsamkeit und Stille, doch für ein Wort, das herausrutschte, oder für einen heißumkämpften Sitzplatz vor dem Fernseher, konnte man sich einen Messerstich einhandeln. Man steckte mich in eine Doppelzelle zusammen mit einem kleinwüchsigen, agilen und kräftigen jungen Kerl, dessen rasierter, schwarzer Kopf voller Narben war. Anfangs abweisend, wurde mein Zellengenosse bald anhänglich. Verliebt in eine junge Frau, hatte er dem Urteil zufolge mit ihr gemeinsam den Mann umgebracht, der sie «besaß». Sie befand sich in einem anderen Gefängnis, einer piemontesischen Außenanstalt. Nach ein paar Tagen fragte er mich, ob ich ihm beim Verfassen eines Liebesbriefs behilflich sein könnte. Natürlich willigte ich ein und fertigte zunächst eine schöne Niederschrift der Gefühle an, die er mündlich vor mir ausbreitete. Dann verfaßte ich – denn dies war es, was er von mir verlangte – von maßloser Leidenschaft und von einem verwegenen Überströmen der Sinne und Stile erfüllte Briefe. Dafür war er mir sehr dankbar, und er bestand darauf, daß die von mir fabrizierten leichtsinnigen Bilder durchweg und sehr genau dem entsprachen, was er im Innersten seines Herzens empfand. Es seien wirklich *seine* Briefe, sagte er, auch wenn er sie erst dank meiner Hilfe wiedererkannt hätte. In Wirklichkeit war ich derjenige, der lernte, was ein Briefwechsel unter Liebenden ist. Einmal sah ich ihn, wie er mit peinlicher Sorgfalt die Briefmarke von einer Postkarte ablöste, die er gerade erhalten hatte, und davon etwas abschabte, um es hingerissen zu küssen. Er erklärte mir, daß sie sich winzige Büschelchen von Schamhaaren schickten, die sie als Pfand der Liebe unter die Briefmarken klebten, um einander näher zu sein, wenn sie sich unter gegenseitigem Verlangen masturbierten. Dieser heimliche Austausch von Haaren und Düften erweckte in mir eine Befangenheit, wie gegenüber etwas, das ich mir gar nicht hätte ausdenken können.

Also habe ich die Wände nicht beschrieben. (Der Sinn für Unzulänglichkeit, mit dem ich am ersten Tag mit «Nein» auf die Frage geantwortet hatte: «Besondere Kennzeichen? Narben? Tätowierungen?»)

Der 31. Juli – kaum der vierte Tag und schon der vierte Tag – ist ein Sonntag. Die Stadt muß leer sein, die Kaserne ist es. Die Nacht ist so gut es geht vorübergegangen. («Alles in Ordnung?» – «Alles in Ordnung.») Die Sicherheitszelle ist die Veranschaulichung dafür, daß eine Organisation, die die Leute davon abhalten soll, sich umzubringen, ihnen auch nicht erlaubt, zu überleben. Als meine Sonderwachen aber an diesem Morgen ankamen und mich auf den Flur treten ließen, drang ein junger Schnauzer ein, der Lust zum Spielen hatte, und mir ging es auch so. Das Hündchen gehört dem jungen Hauptmann, es ist ein Weibchen und heißt «Belva» (Untier), das Ärmste. Der Hauptmann ist übrigens höflich – «streng, aber korrekt», sagt man, glaube ich – und sogar ritterlich, sein Name «Rinaldo» inbegriffen. Die Strenge des Gefängnisses weicht allmählich der eines Kindergartens. Sie bringen mich in ihren Spielsaal, und ich spiele eine Runde Billard gegen meinen Sonderwachtmeister – und verliere, jedoch in Maßen. Durch die Fenster kann ich nach draußen schauen: Das erscheint mir so kostbar, als wäre ich schon seit Jahren eingesperrt. Es muß ein erster Zweifel sein, der dunkle Gedanke daran, tatsächlich hier bleiben zu müssen. Die Kaserne befindet sich im Inneren der Fiera. Gleich davor liegt die Radetzky Piazza d'Armi – das klingt gut. Der Blick ist nicht besonders, abgesehen von einer großen Platane und, auf einer Terrasse, der Gipsfigur einer badenden Venus, die sich zu verhüllen scheint, weil ich sie betrachte. Dafür sind aber die Geräusche nicht so verzerrt wie in der Sicherheitszelle, die wie ein Resonanzraum ist: Nachts kommt das Echo der Autos wie ein Röcheln an, das langsam und bis zur Übersteigerung anschwillt, um mit einem Male zu erlöschen. Die Töne unterstreichen, daß die Hauptaufgabe der Kaserne die Verwahrung ist und das Abhalten der Verwahrten davon, sich aufzuhängen. Mir gegenüber müssen sie wohl noch einige Zweifel hegen, weil ich ihnen zu still vorkomme, um nicht verrückt oder einer fatalen Handlung fähig zu sein. Ich bin tatsächlich ruhig, als wäre ich schlagartig dazu ermächtigt worden, für Dinge, die quälen, keine Verantwortung mehr zu tragen, vom läutenden Telefon bis hin zum Aussterben der Robben. Ich stelle mir vor, daß jemanden, bei dem eine ernsthafte, vielleicht unheilbare Erkrankung festgestellt wird, ein ähnliches Empfinden beschleichen könnte. Meine Lage ist etwas glücklicher. Tatsächlich bin ich davon überzeugt, daß diese Geschichte im Laufe weniger Tage beendet sein wird. (Gonzo: «Aber was diese Staatssachen betrifft, läßt sich heutzutage nicht annehmen, daß sie so im Handumdrehen enden.» Silvio Pellico, *Meine Gefängnisse*, 1832.)

Der junge Hauptmann hat in Neapel, an der Nunziatella studiert und ist ihrem Andenken treuestens ergeben. Meine Altersgenossen waren – so wie ich – Kinder von Soldatenvätern, und sie hatten eine starke Leidenschaft für die Nunziatella. Bei uns zu Hause waren wir militärischen Berufungen gegenüber immun (ich wollte Feuerwehrmann werden, das ja, aber wer möchte nicht Feuerwehrmann werden?). Aber von jener leidenschaftlichen Sehnsucht der anderen, «zur Nunziatella zu gehen» und «von der Nunziatella angenommen zu werden», ging für mich als Kind ein rätselhafter Zauber aus. Die Nunziatella ließ an das Gesicht eines jungen, graziösen Mädchens aus dem Volk denken, ein wenig zigeunerhaft vielleicht, mit schwarzen Haaren, Ohrringen und Korallenlippen. Sobald wir das geeignete Alter erreichten, würden wir zur Nunziatella gehen. Als ich zum ersten Mal die Madonna der *Verkündigung* des Antonello da Messina sah, war es mir, als ob ich sie wiedererkannte, die Nunziatella. Zu dieser zarten und fernen jungen Frau zu gehen – davon träumten die jungen Burschen mit den Bürstenhaarschnitten und ihrer Begierde nach der Uniform.

Ich hatte einen Traum: Gorbatschow stand mir gegenüber. Er war gut gekleidet, glattrasiert und grinste irgendwie bösartig. Trotzdem war ich abgestoßen von dem weinroten Muttermal auf seinem Gesicht und von den Ordensbändern auf seiner Westentasche. Meine Abscheu verbarg ich nicht, er aber sah mich mit einer spöttischen Selbstsicherheit an. «Du darfst mich nicht geringschätzen», sagte er zu mir. «Du kommst nicht umhin, mich zu verehren, weil ich den *Oblomow* geschrieben habe.» Ich lachte verächtlich. «Du bist ein elender Bürokrat. Vom *Oblomow* hättest du nicht einmal eine einzige Zeile schreiben können.» – «Ich habe ihn geschrieben.» – «Ach was», erwiderte ich trocken, doch seltsamerweise auch ein wenig aufgewühlt. «Wer hat ihn denn sonst geschrieben?» Mein Gedächtnis war gelähmt. Ich schwieg, während meine Verwirrung zunahm. Dann sagte ich: «Ich weiß sehr wohl, wer ihn geschrieben hat.» Bedrängend fragte der andere: «Wer denn nun?» Der Name war mir entfallen, und an seiner Stelle wiederholte ich immerfort: «Gorbatschow ... Er kann es doch nicht sein. Oder sollte es möglich sein, daß er es ist?» – «Nun?», drängte jener mit einem höhnischen Ausdruck des Mitleids. Da wachte ich mit einem Male auf, und sofort kam er mir in den Sinn: «Gontscharow!» Jener hatte ein erbärmliches, auf einem gewöhnlichen Gleichklang beruhendes Spiel getrieben und mich damit in Schach gehalten, wenn auch nur im Traum. Über diesen beschämenden Traum, der mich eine gemeine Fertigkeit – die von Scharlatanen – verspüren ließ, habe ich mich nicht weiter befragt, und das Unbehagen darüber hat noch lange angehalten.

Der erste August, ein Montag, ist mein Geburtstag, und ich werde gut behandelt, weil die Journalisten darüber berichtet haben. Kaum aufgestanden, noch betäubt vom wenigen Schlaf und vom Lärm, wird mir erlaubt, eine Dusche zu nehmen und mich anschließend in dem großen, gut durchlüfteten Raum aufzuhalten. Schon eine Dusche bewirkt viel. (Der alternde Karl Marx entdeckte sie auf Reisen und beschrieb sie gegenüber Engels als «Spritzbad». Von allem Marxismus kommt mir gerade dies in den Sinn. Meine Schwester, als sie noch klein war, nannte die Schauer unter der Dusche «Streifenkälte».)

Die Haftrichter lassen sich aber weiterhin nicht blicken. Ich verliere die Geduld, doch hier raten mir alle, mich ja nicht nach San Vittore überstellen zu lassen: lieber hier die Sicherheitszelle, sagen sie. Dort, das sei die Hölle und kein Platz für menschliche Wesen.

Ich nehme den *Oblomow* wieder zur Hand. Beim ersten Mal, als Knabe, las ich ihn als ein großartiges romantisches Buch – eine Liebesgeschichte. Dann las ich ihn erneut mit gesellschaftspolitischer Absicht im Sinne der von Dobroljubow dargelegten Auffassung der «Oblomowerei». Erst vor kurzem war ich wieder zur Lektüre des Romans zurückgekehrt, um darin eine Revanche der langsamen Zeit und der russischen Seele über den Aktivismus des «deutschen» Stolz und dessen politisches Erbe, den Bolschewismus, zu entdecken. Stets dankbar blieb ich jedoch für die erste Lektüre. Es war mir ein Leichtes, mich mit dem mutlosen Oblomow zu identifizieren (wieso eigentlich?), Olga zu lieben und mit ihr die Fliederbläue zu entdecken; und belustigt war ich über den Diener Sachar.

Meinen Geburtstag hatte ich nur selten festlich begangen. Im August ist man gewöhnlich unterwegs. Gegen Abend werde ich aber doch unduldsam. Ich möchte wieder Zeitungen lesen. Auch meinen Kindern schreiben. Und dann ist mir diese Gesellschaft alleine unter Männern ziemlich zuwider: Man kann sich nur schwer vorstellen, wie männlich eine Kaserne der Carabinieri ist.

Die Nacht wird schlaflos, aber lustig: Zunächst werde ich geweckt und aufgeregt von der Ankunft der Radikalen in Kenntnis gesetzt. Es war so, daß einige Parlamentsabgeordnete der Radikalen Partei ihr Kommen angekündigt haben, nachdem sie über irgendwelche geheimnisvollen Kanäle meine Adresse ausfindig gemacht hatten. Das dürfte bloßes Gerede sein, doch reicht es aus, um ein gewaltiges Durcheinander auszulösen. Die Carabinieri – wie ich auch im gesamten Verlauf dieser Affäre noch sehen werde – neigen dazu, speziell Radikale und Journalisten als Verkörperung einer Art dunklen und äußersten Katastrophe anzusehen, der man hilflos ausgeliefert ist. Der Gipfel solcher turbulenten und unvermeidlichen Schicksalsschläge sind die Fotografen. Wenn es heißt: «Es werden Fotografen da sein», dann ist es so, als ob eine Sturmflut oder ein Erdbeben angekündigt werden. Also verwenden sie gewaltige und vortreffliche Energien auf die Vereitelung solcher Heimsuchungen. Sobald das Unglück jedoch seinen Lauf nimmt, reagieren sie darauf mit dem verzweifelten Heldenmut dessen, der weiß, daß alles verloren ist: Am Ende stellen sie sich in Pose.

Um es kurz zu machen: Die Radikalen kommen nicht – wie alle Barbaren, die stets erwartet werden. Jetzt könnte man wirklich einmal schlafen, doch da entsteht schon wieder ein neues Durcheinander, diesmal auch mit weiblichen Klängen vermischt. Dank meiner «Resonanzzelle» kann ich allem folgen. Es handelt sich um etwas, das nach den Handbüchern der Kriminalistik als Sommervorfall zu bewerten ist. Ein von der Hitze und – wer weiß – vom Leben erschöpfter Mann hat in einem Anfall von Jähzorn gedroht, die ungeheure Waffensammlung, in deren Besitz er sich befand, zum Einsatz zu bringen. (Schwer zu sagen, was zuerst kommt, die Sammelleidenschaft für Waffen oder der Wille, das Feuer zu eröffnen.) Eine Zeitlang hatte er mit vorgehaltenen Waffen auf dem häuslichen Fensterbrett verharrt, bis er schließlich aufgab. Jetzt ist er hier, völlig verstummt, und nun ist seine Frau dran, die ihn, der offenbar rückfällig geworden ist, anschreit: «He, du Unseliger, was hast du dir dabei eigentlich gedacht?» Und auch auf die Carabinieri brüllt sie ein: «Ihr könnt ihn behalten, er wird niemals mehr einen Fuß über die Schwelle meines Hauses setzen, macht mit ihm, was ihr wollt.» Starker Tobak. Unterdessen schleppen andere Carabinieri kistenweise Gewehre, Pistolen, Schießbüchsen, Armbrüste und sogar einen ganzen Posten von Hellebarden in die Kaserne, alles registrierte und zugelassene Ware. Auch kurz nachdem das ganze Geschrei aufgehört hat, höre ich die monotone Stimme dessen, der das Protokoll diktiert: «26 Schachteln mit Projektilen, Kaliber 22; ein Karabiner 91; 4 Wurfspieße afrikanischen Typs.» Als Protokollaufnahme und Magazinierung beendet sind («Wo zum Teufel tue ich das ganze Zeugs bloß hin»), ist der verfrühte Augustmorgen bereits angebrochen, auch wenn er sich in der Zelle nicht mit Licht und mit schönen Farben ankündigt, sondern nur mit Lärm.

Ich bin abgemagert. Um die Gemütsverfassung kümmern sich die Carabinieri. Alles in Ordnung. Man wird vertraulich. Ich erkläre ihnen, was es mit dem Stockholm-Syndrom auf sich hat. Ich sage: «Du könntest mein Sohn sein.» Mein Großvater väterlicherseits war ein Bauer, er bestellte sein Feld wie einen Garten, er verehrte die abgesetzte Königsfamilie, und er erwartete viel von mir: daß ich entweder Rechtsanwalt oder Carabiniere werden würde. Dieser so südländische Großvater wurde im Ersten Weltkrieg – keiner weiß, weshalb – mit der Versorgung der Bernhardinerhunde betraut, neben denen er sich auf einer schönen Fotografie postiert. Von daher, über den Ersten Weltkrieg und die Bernhardiner, brachte ich ihn auf rätselhafte Weise mit dem *Kleinen Alpenjäger* in Verbindung.

Am Abend, in meinem Käfig eingesperrt, schließe ich

erneute Bekanntschaft mit der wunderlichen Unbeschwertheit der Haft. Man bräuchte lediglich eine etwas weniger schwache Lampe und ein Abonnement des «Christian Science Monitor» oder der «Honolulu Gazette».

In diesen Tagen protestieren viele gegen die ungesetzlichen Inhaftierungen in den Sicherheitszellen der Kasernen. Bevor ich an die Reihe kam, war der letzte Gast in dieser Zelle eine Frau. Davon weiß ich durch meine Wächter. Eine Frau in so einem Raum, mit solchen Gewohnheiten und Vorschriften – der Entzug von allem, die ununterbrochene Kontrolle, das Schauklosett –, das ist eine fürchterliche Schmach.

Für diese unbekannte Frau machten sich die Carabinieri auf den Weg zum Bahnhof, um eine Packung Bettzeug aus Zellstoff zu besorgen, von jener Art, wie es in den Liegewagen der Züge gebräuchlich ist. Als ich nach ein paar Nächten auf dem armseligen Lager aus Schaumgummi zu einem einzigen Gemisch aus Schweiß geworden bin, da entsinnt sich irgendwer jener Packung und stiftet mir daraus eine kleine Portion Bettzeug. Der Schweiß läßt den Zellstoff zwar klebrig und faserig werden, doch ist es immerhin ein Fortschritt.

(Ein paar Monate später finde ich in den Zeitungen etwas über dieses Notlaken: Mit diesen *lenzuola d'oro* – «Bettlaken aus Gold» – hat ein Unternehmer aus Avellino namens Graziano sein Glück gemacht. Das Material, lese ich, nennt sich TNT, *tessuto-non tessuto*, zu deutsch SOS, «Stoff-ohne-Stoff». Prächtig: ibis redibis non. *Die Goldenen Bettlaken.*)

«Alles klar?», fragt im Dialekt seiner Heimatstadt der venezianische Gefreite von ein Meter neunzig, indem er sein Kindergesicht zum Guckloch hinunterbeugt. Als ich gestern auf dem Weg zur Dusche das Kasernenklo für die

Carabinieri benutzt habe, las ich auf einem Schild die freiheraus formulierten Worte: DEN KLODECKEL HOCHSTELLEN UND DEN WASSERHAHN BETÄTIGEN HEISST WIE EIN MENSCH UND MANNHAFT ZU HANDELN. Der Verfasser, so heißt es, sei ein gewisser Gefreiter Hulk.

Die Welt ist klein. In der Nacht vom 15. auf den 16. Dezember 1969 war im Zimmer des vierten Stockwerks des Mailänder Polizeipräsidiums, aus dessen Fenster der anarchistische Eisenbahner Pinelli hinabstürzte, auch ein Oberleutnant der Carabinieri namens Sabino Lo Grano zugegen. Wie alle übrigen Anwesenden wurde er einige Zeit danach befördert, und mit dem Dienstgrad eines Hauptmanns wurde ihm das Kommando über die Magenta-Kaserne am Viale Berengario übertragen. Es ist die Kaserne, für die sie mich bestimmt haben.

Am 3. August, dem siebten Tag des Freiheitsentzugs, wurde ich endlich vernommen. Unter quietschenden Reifen werde ich in einem Alfa in die Kaserne an der Via Moscova transportiert, und neben meinen Sonderwachen begleitet mich eine zusätzliche Verstärkung von Kollegen, die es sich zur Ehrensache machen, die lauernden Journalisten abzuhängen und sie zu täuschen. «Die Journalisten! Die Fotografen!» Eine Stunde Wartezeit in der kleinen Kammer im Erdgeschoß der Kaserne, wo die Vernehmung stattfinden soll. Für die Operation steht alles Nötige bereit: ein Kasernenschreibtisch, zwei Stühle, ein kleiner Tisch, eine schwere Schreibmaschine, Baujahr sechziger Jahre; ein halbverschlossenes Fenster zum Hof. Carabinieri stehen herum: Kommentare über «die Journalisten, die Fotografen» (mit der Befriedigung von Dieben, die ihre Verfolger abgeschüttelt haben, zeigt man sie mir durch die Jalousien eines Fensters nach der anderen Seite des Flurs, unter ihnen eine junge elegante Frau: «diese Huren»). Ich werde gefragt, ob ich den Richter L. kennen würde: Nein, und ich hatte auch nie seinen Namen gehört. Da blinzeln sie: «Sie werden sehen, sie werden sehen ...» Was wollt Ihr damit sagen, muß ich mir Sorgen machen? «Nein, nein, er ist ein sehr gründlicher, pedantischer Richter. Ein wenig ... seltsam ist er.» Im Verlauf von zehn Minuten werde ich über die hervorstechenden Eigenschaften des Untersuchungsrichters L. A. unterrichtet, des Mannes, der über meinen diesjährigen Sommer bereits entschieden und dazu noch die Absicht hat, über mich auch darüber hinaus zu entscheiden. Er stammt aus Avellino (im Sommer 1988 kommen sie plötzlich alle aus Avellino). Er dürfte mein Alter haben, ist unverheiratet und lebt seit jeher in einer Art *Residence*. Er liebt dicke Wagen, ist aber kein geborener Autofahrer. Letztes Jahr hat er sich einen BMW angeschafft und ließ sich von den Carabinieri einen Chauffeur als Ferienbegleiter bereitstellen – bis nach Avellino, mit dem neuen Wagen. Vor den Toren der Stadt hat er ihn weggeschickt, um seinen Einzug selbst am Steuer zu halten. Klar, daß die Fahrer aus der Via Moscova sich stets dünn machen, wenn eine Tour mit L. bevorsteht. Er leidet an einer Zugluftphobie. Damals, auf jener Fahrt nach Avellino, blieben die Wagenfenster hermetisch verschlossen, und das mitten im Sommer und ohne die hundert Kilometer in der Stunde auch nur ein einziges Mal zu überschreiten (man muß den BMW doch einfahren). Jetzt ist auch Sommer: «Sie werden sehen, kaum tritt er ein, um sich zu setzen, blickt er zum Fenster und sagt: ‹Ist es nötig, daß dieses Fenster offensteht?› Sogleich wird das Fenster geschlossen, und irgendwer, kurz davor zu ersticken, sucht die Klimaanlage zu betätigen, worauf jener sagt: ‹Seid Ihr entschlossen, mir eine Lungenentzündung anzuhängen?›» Wie auch immer, er nimmt es äußerst genau. Vielleicht allzu genau. Auch die Protokollanten verschwinden, sobald sie erfahren, daß sie etwas für den Richter L. tun sollen. Kaum diktiert er einen halben Satz, läßt er ihn sich abermals vorlesen, ordnet an, ihn wieder zu streichen, verlangt dazu die Benutzung von Tipp-Ex und ruft aus: «Sie wollen mich wohl mit diesem Protokoll in den Wahnsinn treiben!»

Ein wenig ratlos warte ich auf die Ankunft des Richters. Schließlich treten sie ein: Der Untersuchungsrichter L., der Staatsanwalt P., mein Rechtsanwalt und noch eine weitere Person, die schneller als die anderen ihr Jackett ablegt und vor dem kleinen Tisch mit dem Prachtstück einer Schreibmaschine Platz nimmt. Die Pistolentasche mit dem Revolver trägt er unter der Achselhöhle – um besser zu schwitzen, nehme ich an. P. hat aufgrund seines häufigen Auftretens in den Zeitungen ein bekannteres Gesicht: Übertrieben stark gebräunt, trägt er ein über dem Brustkorb weit geöffnetes Hemd und ein schmuckes Kettchen am Hals. Dafür hat er Apostellatschen an den nackten Füßen, was einen dazu veranlaßt, ihn nicht ganz so schlecht zu beurteilen.

L. entspricht bis zum Übermaß der geschwätzigen Beschreibung, die mir zuteil geworden ist. Er hat einen schier unwahrscheinlichen Überschuß an Haaren; in entgegengesetzte Richtungen strebend, gleichen sie zerzausten und verlotterten Nestern. Dazu kommt ein dünner Bart aus einander widerstrebenden, spröden Haarbüscheln, von denen einige borstig hervorquellen, während man von anderen sagen könnte, daß sie – mehr als rasiert – aus Verzweiflung herausgerissen worden sind. Er stellt sich vor, er setzt sich, zieht die Akten heraus, hebt den Kopf in Richtung Fenster und sagt: «Bei diesem Lärm kann man ja fast verrückt werden! Gefreiter, tun Sie mir den Gefallen und schließen Sie das Fenster.» Dann wendet er sich den Akten zu, doch ahnt er schon die verlängerte Handbewegung des Gefreiten: «Bitte, wir wollen uns doch mit dieser Klimaanlage keine Lungenentzündung zuziehen!» Der Gefreite schließt alles, schaltet alles ab und kehrt auf seinen Platz zurück: Er wußte schon Bescheid. Ich schaue den Haftrichter an und lasse mich auf zwiespältige Weise von den gogolschen Merkmalen der Sache fesseln. Hinzu kommt, daß er in eine schwere Wolljacke gekleidet ist, und das am 3. August eines – neben all dem Pech – aufgrund seiner Rekordhitze denkwürdigen Sommers. Aus den Ärmeln der Wolljacke, unter den Manschetten des Hemds, lugen auch noch die Säume eines fleischfarbenen Wollunterhemds hervor, das etwas ausgefranst ist – genauso wie der Bart. (In einer nachfolgenden Untersuchungsverhandlung wird ein anderer Verhörter das Vorhandensein zweier kurzer Socken von unterschiedlicher Farbe registrieren.) Solche Eigenarten könnten freilich Anzeichen eines sympathischen, etwas verschrobenen Wesens sein: Der ungepflegte kleine Mann, der ganz in seiner Berufung aufgeht, der an Gerechtigkeit glaubt, ohne sich um die Mächtigen und ihre Beauftragten zu scheren, ein Arbeitstier, der sich nur eine einzige harmlose Begünstigung leistet – für die Fußballmannschaft von Avellino ... Wir werden schon sehen. Unterdessen beginnt er mit der Aufnahme der Personalien. Es herrscht Nervosität im Raum. «Studienabschluß?» – «Promovierter Philologe» – «Promovierter Ingenieur», diktiert L. ins Protokoll. Der Protokollant tut so, als sei nichts: Er muß schon Erfahrung haben und wird längst festgehalten haben: «Promovierter Philologe». In dieser mühseligen Art und Weise verläuft die Sache weiter. «Gefreiter, was haben Sie da geschrieben? Nein, schauen Sie, wir korrigieren das. Können Sie dazu bitte Tipp-Ex benutzen? Nein, so nicht, anders, damit die Sache sauberer und besser vorzeigbar wird. Haben Sie denn kein Tipp-Ex? Dann löschen Sie das so aus – was soll ich Ihnen sagen!» Ich schaue ihn an und denke, daß die Haarwirbel wohl etwas mit seiner Unverträglichkeit gegenüber Zugluft zu tun haben müssen.

Mehr über das Verhör und meinen Justizfall werde ich nicht

sagen. Darüber habe ich anderswo berichtet. Was an dieser Stelle mich selbst angeht, so wird der Anlaß, der einen in die Justiz- und Gefängnismaschinerie hineinverschlägt, rasch zweitrangig und beinahe bedeutungslos. Ich verweise nur auf die ersten Zeilen bei Silvio Pellico: «Man unterwarf mich einem langen Verhör ... Aber davon will ich nichts sagen. Gleich einem von seiner Schönen mißhandelten Liebhaber, der sich würdevoll entschlossen hat, ihr zu grollen, lasse ich die Politik auf sich beruhen und spreche von anderen Dingen.»

Der 4. August kündigt sich schließlich mit einer echten Neuigkeit an: einem langen, von dröhnenden Donnerklängen gefeierten Gewitter. Ein Wolkenbruch. Das Spektakel der Platanen, die sich unter dem Regen beugen. Die Leutseligkeit der Wachen – das bißchen mehr an Höflichkeit, die Festlichkeit beinahe, die man auf Gäste eines kurzen Ferienabschnitts verwendet. Zeitungslektüre und Fernsehen sind mir weiterhin untersagt (keiner weiß, wieso; in den alten Geheimzellen der siebziger Jahre, auch in den Isolationstrakten für die politischen Häftlinge und die von der Krätze Befallenen – so war es in der Tat in den *Nuove* –, kamen zumindest die Zeitungen an, wenn auch um diejenigen Artikel beschnitten, die der Zensor, der gute Klosterbruder Ruggero, für ungeeignet hielt). Am Nachmittag des folgenden Tags werde ich in das Gefängnis von Bergamo verlegt.

Im Gefängnis schließlich

Das Gefängnis schließlich, also doch. Stammregister, Foto (Polaroid), Fingerabdrücke, Leibesvisitation, Zuweisung der Zelle (Einzelzelle, bitteschön. Auch im Isolationsbereich? Auch da, Hauptsache, eine Einzelzelle), Unterschrift unter eine Erklärung, mit der ich auf ein besonderes System von Überwachungsmaßnahmen verzichte und die Verantwortung für meine körperliche Unversehrtheit selbst übernehme. Kurze Unterredung mit dem Polizeimeister, der zurückhaltend und höflich ist.

Dann folgt die ärztliche Untersuchung. Freudige Überraschung über eine Krankenschwester mit einem schönen, natürlichen Gesicht und rauhen Manieren. Blutdruck, Gewicht. Alles in Ordnung. Wir müssen Ihnen Blut für den Aidstest abnehmen. Wenn Ihr müßt. (Sie mußten nicht einmal.)

In Begleitung eines Unteroffiziers der Carabinieri bin ich auf dem Weg zu meinem Gefängnistrakt, als mir unter der Rotunde ein paar junge Männer laut zurufen, die in einer anderen Abteilung hinter Gitter sind: Das sind die «Politischen» vom bewaffneten Kampf. Ich trete näher heran, grüße, und man stellt sich gegenseitig vor. Etwas spöttisch wirken sie, aber wohlwollend. Ich auch.

Es gelingt mir gerade noch, mich in der Zelle, die sich hinter meinem Rücken schließt, betrübt ein wenig umzuschauen, als die schwere Panzertür erneut geöffnet wird: *Sie* sind es, die Hausgenossen von der politischen Abteilung, die die Erlaubnis erhalten haben, für einen Moment vorbeizuschauen. Nicht zum Grüßen sind sie gekommen; sie gleichen dem Aufzug der sieben Zwerge: Einer trägt einen Fernseher unter dem Arm, ein zweiter schleppt Kochtöpfe, ein dritter die Kaffeemaschine und einen Gaskocher, ein vierter Eßwaren ... Rasch, wirkungsvoll und leise hantieren sie herum, als ob ich gar nicht da wäre; sie probieren den Fernseher aus, bringen provisorische Schränkchen an, grüßen, und weg sind sie wieder.

Abends erscheint eine zweite Krankenschwester – es gibt derer drei – mit einem Rollgestell vor den Zellen, um Medikamente zu verabreichen. Sie macht bei mir Halt und fragt: «Brauchen Sie etwas?» Nein, danke. «Schlaftabletten?» Nein, danke. Sie verteilen Schlaftabletten? «Es gibt Leute, die bekommen kein Auge zu: Sie werden schon merken, wie die Nacht hier ist.» Ich sollte es noch merken.

Langsam begreife ich das Ausmaß meiner neuen Lage. Aus der Zelle nebenan steigt plötzlich der Geräuschpegel an; es muß sich um die Nachrichtensendung eines regionalen Fernsehsenders handeln. Sie berichten von uns. Ich danke dem unsichtbaren Nachbarn, schalte den Fernseher ein, mache ihn wieder aus und beginne, wenn auch lustlos, die Zeitungen zu sichten, die über meinen Fall berichten. Die sieben Zwerge hatten sie beiseite gelegt und haben sie mir wohlgeordnet überreicht. In den Zeitungen steht so dummes Zeugs, daß ich sie wieder weglege. Morgen gehe ich sie noch einmal gezielt durch. Jetzt möchte ich lieber nachdenken. Heute, am 5. August, wäre ich, wie in jedem Jahr, mit dem Flugzeug nach Norwegen in die Ferien aufgebrochen. Nachdem ich mein Ziel bereits vom Flugzeug aus in einer von kleinen Inseln übersäten Bucht hätte liegen sehen, würde ich mich zu dieser Stunde in dem Haus beim Fjord einfinden – an dem Abend, der nicht vergeht –, von der Familie wilder Schwäne aufgenommen, die meinen Lockruf wiedererkennt. So gut kenne ich diese Ferien, daß ich darüber – aus schierem Protest – ein minutiöses und paralleles Tagebuch führen könnte. Sogar bei der Ankunft in Bergamo (aus der schiefen Lage des gepanzerten Fahrzeugs heraus habe ich nicht einmal die Umrisse der Oberstadt erkennen können), unter einem blauen Himmel mit kaum ein paar weißen Streifen, dem kristallklaren Licht der sich lange hinziehenden Abenddämmerung, der modernen, formlosen Gefängnisarchitektur, komme ich mir vor wie bei Einbruch des Abends auf dem Felde der *hytte*, wo man beim Eintritt in eine norwegische Nacht Station macht, und ich wundere mich, daß, anders als sonst, Randi nicht dabei ist, um in die Portierloge zu gehen und die Formalitäten zu erledigen: Zimmer, Ausweispapiere – Fingerabdrücke. Mit heftigem Widerwillen schaue ich mich in der Zelle um und denke: Bald werde ich mich eingewöhnt haben.

Was machen Häftlinge am Abend? Sie schauen fern, wie alle anderen auch. Mit kleineren, kaputteren Fernsehern in schwarz-weiß – aber was soll's.

Ich weiß nicht, wo ich bin. Buchstäblich: Es ist tiefe Nacht, ich liege auf diesem schmalen Bett mit durchhängender Matratze und ausgeleierten Sprungfedern, und weiß nicht, wo der Norden ist, wo der Süden, Osten und Westen. Mit dem Getöse einer Betonmischmaschine zieht von Zeit zu Zeit jemand an der Wasserspülung.

Aus einem Zeitungsbericht: «Sofri ließ sich widerstandslos festnehmen.» Ja, genau, warum habe ich keinen Widerstand geleistet?

Einen Tag darauf bin ich schon eingewöhnt. Ich lese Zeitungen über Zeitungen, gerate etwas in Zorn darüber, doch rasch langweilt es mich, und schließlich ist es so, also würden sie gar nicht über mich sprechen. Einige meinten (auch den Untersuchungsrichtern, diesen Unseligen, zufolge), ich sei im Begriff gewesen, nach Norwegen zu «flüchten».

Am Morgen hatte ich die erste Unterredung mit meinen Angehörigen. Mein Sohn Luca war Hals über Kopf aus den Ferien zurückgekehrt. Im Jahr 1970 – er war kaum sechs Jahre alt – hatte er mir in die *Nuove* geschrieben: «Um Dir die Zeit im Gefängnis zu vertreiben, mußt Du die Mäuse mit den Schuhen klatschen» – was nicht weit von der Wahrheit war.

Meine Zelle liegt im Flügel für die Isolierten und für hoffnungslose Fälle, nur zum Hofgang schließe ich mich den übrigen an. Ich mache lange, allzu hastige gemeinsame Spaziergänge mit den Nachbarn von den «Politischen», die mir, ohne sich aufzudrängen, ihre Geschichten erzählen: vom bewaffneten Kampf, den Morden, den «Sondergerichten», von Trani, Nuoro und der Besserung jetzt, den Erlaubnissen ... Beiderseitige Vorstellungen und Glückwünsche seitens anderer, gewöhnlicher Häftlinge. Mein gesteigertes Ansehen beruht auf einem Mißverständnis und einem Druckfehler in der Presse: Es war nicht Jacqueline Bisset, die einen Aufruf zu meinen Gunsten unterzeichnet hat, sondern Jacqueline Risset. Das ist eine Gelehrte, erkläre ich, sie hat *Die Göttliche Komödie* ins Französische übertragen. Risset. Ungläubig hören sie mir zu.

In einer Zelle, nahe der meinen, feiert man die Macht des Fernsehens. Ein Isolationshäftling schlägt vor Wut alles entzwei, Geschirr, Mobiliar, sanitäres Gerät, Fensterscheiben – außer den Fernseher. Er liegt, benebelt und von Wunden übersät, inmitten der Scherben und starrt auf den kleinen Bildschirm, der weiterläuft.

7. August, Glockengeläut am Morgen, denn es ist Sonntag. In der Höhe wird der Himmel von Taubenschwärmen durchquert, weiter unten von Schwalben, die ihre Nester unter den Gesimsen unseres Baus haben. Draußen laufe ich an der Seite der anderen: Sie haben langjährige Übung,

während meine Kehrtwendungen noch immer ungeschickt sind und ich mich hastiger als sie bewege. Es ist sehr heiß, man läuft in Shorts herum – ich, der ich keine besitze, in der Unterhose –, und es gibt eine weite Landschaft von Tätowierungen zu sehen.

Vor der Zelle kommt ein Priester vorbei, er heißt Don Vittorio. Wechselseitige Begrüßung, nichts zu beichten. Dafür wasche ich jede Menge schmutziger Wäsche. Die anderen aus meiner Abteilung, allesamt Isolationshäftlinge, dürfen nicht nach draußen gehen. Zu den Hofstunden – meine Zelle liegt am Ende des Gangs – muß ich innerhalb zweier Reihen von Köpfen entlanglaufen, die wie Enthauptete aus den Gucklöchern hervorlugen. Nachdem ich grüße, haben sie alle irgend etwas zu fragen.

Einige Wärter benehmen sich rücksichtsvoll, nicht alle. Einer kommt und sagt barsch: «Zehn (ich habe die Zelle Nummer 10), nimm' dieses Paar kurzer Hosen, die Politischen schicken es dir.»

Nachts kommen die Wärter vorbei, schalten das Licht an und schauen nach – im Stundentakt. Im Fernsehen gibt es zu später Stunde Verdis *Ernani* aus der Metropolitan Opera. Als Pavarotti im zweiten Akt *«Mille guerrier m'inseguono come belva i cani»* singt, kommen die Wärter dazu und befehlen: «Zehn! Zeit, auszumachen!»

Am 8. August kommt mein Anwalt. Nach zwölf Tagen ist es die erste Gelegenheit, mit ihm zu sprechen.

Vorsichtshalber passe ich mich dem hiesigen Lebensstil an, der dem eines vom Kampfgeist regierten Sportvereins entspricht. Es gibt eine Turnhalle, voll mit Geräten für Gewichtsübungen, mit Sprossenwänden, Drehfußball und Korbbrett für Basketballspiele – ein Treibhaus aus Schweiß und Geschrei, in dem die Gefangenen mit äußerster Verbissenheit ihre körperliche Askese kultivieren. Draußen davor erstrecken sich ein Fußballfeld und ein Tennisplatz. Im Tennis gibt es sogar einen Häftlingslehrer, einen hochgewachsenen, eleganten jungen Mann, der wirklich toll spielt, und bei dem man sich fragt, was er eigentlich hier drinnen macht. Zusammen spielen wir im Doppel, wobei ich aus Faulheit am Netz stehe und er das hintere Aufschlagfeld bedient, derweil er für uns beide zusammen gewinnt. Außerdem bin ich ja nicht mehr so jung. Die überwiegende Zahl der Häftlinge – zwischen zweihundert und dreihundert sitzen hier ein – sind Menschen unter 35 Jahren, und die meisten von ihnen sind wegen Verbrechen und Vergehen in Verbindung mit Drogen inhaftiert. Das Rauschgift – und das Fernsehen –, das sind die wahren Neuerungen im Vergleich zu jener Haftanstalt, mit der ich bei früherer Gelegenheit Bekanntschaft geschlossen hatte – nicht anders als in der Welt draußen, nur auf besonders extreme Weise. Heute, seitdem auch die politischen Gefangenen über keine Neuzugänge mehr verfügen, neigt die kriminelle Gesamtskala zur zunehmenden Verzweigung aus dem gewaltigen Stamm der Drogenabhängigkeit und der Drogengeschäfte. Diebstähle wegen Drogen, Raubüberfälle wegen Drogen, Mordtaten wegen Drogen: Die Delikte, die um ihrer selbst willen begangen werden, die schönen Künste des Verbrechens von ehedem – die Dieberei mit Gewandtheit als ehrenwerteste Kunst – schwinden dahin. Diejenigen Häftlinge, die der Droge fremd gegenüberstehen und ihrer leichten Verlockung – so viel Geld in handlicher Reichweite – nicht nachgeben wollen, schrumpfen zu einer traurigen Minderheit. Drogenverbreitung und eine humanere Gesetzgebung der «Prämien» (die Konzessionen und Begünstigungen auf rigide Weise an die gute individuelle Führung bindet und jede Form des kollektiven Aufbegehrens bis hin zum Hungerstreik härter denn je bestraft) lassen die Möglichkeit von Auseinandersetzungen um den Strafvollzug zunehmend schwinden. Von Amts wegen dazu bestimmt, den Leuten alle Eigenverantwortung zu nehmen, wird dieses neuartige Gefängnis – in dem man sich gewiß behaglicher fühlt, zumindest an Orten wie Bergamo, wohingegen San Vittorio noch etwas ganz anderes ist – zu einem riesigen Kindergarten: Erwachsene Männer schlagen sich kühn in endlosen sportlichen Herausforderungen, nachdem sie einen kleinen Antrag ausgefüllt haben, um als Preis die begehrteste aller Trophäen auszusetzen: die Wassermelone. Diese Zähigkeit grobschlächtiger, wieder zu Jungs gewordener Menschen, die sich im Schlamm wälzen und sich hemmungslos ins Getümmel stürzen, hat etwas Homerisches.

In den vergangenen Jahren hatte man mich dafür gerügt, daß ich mich vorzeitig der Lebensart «eines Alten» hingebe. Ich ertappte mich selbst dabei, wie ich einer zunehmenden Zahl von Dingen, die mir nunmehr unpassend erschienen, aus dem Wege ging. Meine Nichte Francesca, die noch ein Kind war und sich auf eine sonderbare, von Poesie und steifer Würde durchsetzte Weise ausdrückte, hatte einmal ganz traurig zu mir gesagt: «Sag nicht *nunmehr*. *Nunmehr* ist ein ganz abscheuliches Wort.»

Ich lerne wieder die wichtigen Dinge: die Warenverteilung an den Einkaufstagen; die Krankmeldung, um durch die Fenster der Krankenstation einen Blick auf die Dächer- und Berglandschaft zu erhaschen; wie man zwei Gaskocher gleichzeitig bedient – Theorie der zwei Öfen –, wenn man vermeiden will, daß die Pasta mißlingt. Die Einführung der Gaskocher war die Errungenschaft eines unserer Kämpfe der siebziger Jahre in den *Nuove*, und damals schien sie epochemachend. Ab und zu liest man in den Zeitungen vom Tode eines Häftlings, der am ausströmenden Gas eines Campingkochers erstickt ist. Hier wissen alle, worum es sich dabei handelt: eine entweder zufällige oder beabsichtigte Überdosis eingeatmeten Gases.

Müßte ich lange hier einsitzen, so würde ich Sprachen erlernen, angefangen mit dem Bergamesischen, das voller hauchender Laute und Gutturale ist, mit denen die Isolierten auf meiner Abteilung ihre Versionen der Verteidigung und ihr Geschimpfe auf die Schinder hinausschreien.

Heute ist der 8. August 1988. Ich lese, daß in Deutschland, wo die 8 eine Glückszahl ist, zu diesem Datum 30 Prozent mehr Ehen als sonst geschlossen werden. Mit Besorgnis denke ich an einen berühmten italienischen Gelehrten, der davon überzeugt ist, daß die 8 eine Unglückszahl sei.

Es gibt hier einen jungen Burschen in roten, halblangen Hosen bis zum Knie, die vormals zu einem Schlafanzug gehörten, mit ausgelatschten Schuhen ohne Schnürsenkel und Strümpfe und mit einem etwas dümmlichen Gesicht: Ich war auf freiem Fuß, sagt er, da wurde mir ohne Bedingung ein Jahr aufgebrummt. Wie wenn er sagen würde: Ich habe mir eine Bronchitis eingefangen. Später erkundige ich mich bei einem Brigadier, der mir erklärt, daß der Bursche einen Pflichtverteidiger hatte, der es versäumt habe, seinen Schriftsatz rechtzeitig einzureichen, wodurch die Verurteilung zu einem Jahr Haft rechtskräftig wurde. Kein seltener Fall. Ein Jahr zusätzlich hinter Gittern, und das gratis. Der Bursche lungert um mich herum, ab und zu scheint ihm etwas einzufallen, was er sagen könnte, dann nähert er sich mir wieder: «Später wird ein bißchen Wind aufkommen», sagt er.

Am 9. August, einem Dienstag, werde ich vom Isolationstrakt in die zweite Abteilung verlegt, wo eine Einzelzelle frei geworden ist. Auch dies ein Ort der Unglückseligen, doch passabel für mich, der ich alleine in der Zelle sein möchte. Allein mit meinem Engel – abgesehen von den Gefängniswärtern, den Wachengeln. *Angelo di Dio, che sei il mio custode …*, und weiter weiß ich nicht. So betete ich als Kind. Ich versuchte dem Engel hinterhältige Fallen zu stellen. Ich quälte mich mit der Frage: Gleichen sie einander oder sehen sie den von ihnen Bewachten ähnlich? Es gelingt einem nicht, sich gewisse Personen in Engelsgestalt vorzustellen. Mädchen als Engel, das schon. Ich zweifelte am Engelsschatten, zumal er nur Tagesdienst verrichtete.

Pax multa in cella, foris autem plurima bella. Es ist sehr heiß. Im Hof wird ein merkwürdiges Spektakel geboten. Ein junger Bursche namens Cavallo («Pferd»), reißt sich, angeheizt vom Publikum *(Hopp hopp)*, mit einem Mal die Schuhe von den Füßen und beginnt, als wäre er auf den letzten Metern eines entscheidenden Wettrennens, bis zum Krampf im Kreise zu laufen. Wenn er, völlig erschöpft, zum Halt kommt und sich der Länge nach hinwirft, hat er sich eine Ration an Zigaretten verdient. Dann ist da ein Grüppchen von Kartenspielern, die auf einer Decke hocken und von Zuschauern und Mitwettern umgeben sind. Dann ist da noch F., vormals Kämpfer einer bewaffneten Gruppe und Überlebender eines der schauerlichsten Feuergefechte der bleiernen Zeit, der auf den Schutz seines hellen Teints vor der Sonne achtet und sich, den griechischen Text daneben zum Vergleich, in die Lektüre des *Phaidon* vertieft, als wäre er ein Gymnasiast, der die verlorene Zeit aufzuholen sucht. Da ist auch Corrado Alunni, seiner Zeit von den Medien mit dem Ruf eines blindwütigen Terroristen geehrt – bei weitem ohne eigenen Verdienst (mit dem Fall Moro hatte er nichts zu tun, und beim Ausbruch von Renato Vallanzasca war er in dem Maße beteiligt wie jemand, der an der falschen Straßenbahnhaltestelle aussteigt, weil man ihn von hinten schubst) –, der sich phlegmatisch auf sein kommendes Examen in Volkswirtschaftslehre vorbereitet und Lieder schreibt. Dann D., der mir erzählt – als könnte er es selbst nicht glauben –, wie er vor Jahren eine ganze

Reihe von Tagen damit zugebracht hatte, meinem tapferen Anwalt auf den Fersen zu folgen, «um ihm eine Lektion zu erteilen». (Als ich – D. hat es mir erlaubt – davon dem Anwalt berichtete, der schon daran gewöhnt war, hat dieser mit professioneller Neugierde sofort die Gegenfrage gestellt: «Schüsse in die Beine oder Vernichtung?») Schließlich M., der mich dazu überreden will, mir von ihm die Haare schneiden zu lassen: «Stelle nur einen kleinen Antrag.»

Der einsame und verlassene Bursche mit dem zusätzlichen Jahr gehört zu meiner Abteilung, und beim Ausgang lauert er mir ständig auf. «Wie geht's?», frage ich ihn. «Man schlägt sich durch», antwortet er, «anders geht's nicht.» Manchmal ist er es, der mich fragt: «Wie geht's?», worauf ich der Abwechslung halber antworte: «Man schlägt sich durch.» – «Anders geht's nicht», stimmt er mir zu. Ich versuche zu verstehen, was ihn in den Knast gebracht hat, aber einfach ist es nicht. Seine Erzählungen sind verworren, teils deshalb, weil er etwas wirr im Kopfe ist, teils deswegen, weil er vielleicht nicht einmal selbst weiß, was ihn hierher verschlagen hat. Er käme aus einem Tal, sagt er, Verbrechen habe er keine begangen, nur ein paar Streitereien habe es zu Hause gegeben. Mit seinem Vater habe er sich gezankt und ihm einen Fausthieb und einen Fußtritt versetzt, denn jener hätte die Mutter geschlagen. Und dein Vater, hat er sich dabei verletzt? «Der ist tot.» Weitere Schilderungen bringen indessen die Klärung, daß der Vater zwar offenbar tot ist, aber deshalb, «weil er sterben mußte», das heißt, aufgrund seines Alters und nicht bei jener Gelegenheit. Dasselbe Durcheinander auch bei den Erklärungen der übrigen Familienverhältnisse. Einmal sagt er, er habe seinen Bruder «ein bißchen» verprügelt, denn dieser hätte seine Mutter geschlagen, und daß der Bruder mittlerweile gelähmt sei; doch ein anderes Mal äußert er, der Bruder sei nach einem Unfall mit dem Motorrad gelähmt zurückgeblieben, weil er zuviel Whisky getrunken hätte; schließlich behauptet er, sein Bruder trinke zu viel, das sei doch verständlich, da er ja gelähmt sei. Dann ruft er aus voller Kehle nach mir und bittet mich um eine Briefmarke. «Ich schreibe meiner Mutter», sagt er. «Deine Mutter, liebt sie dich?» – «Ja, sehr, aber auch mein Vater. Doch er hat mich immer verprügelt, und wie!»

Ich lese von neuem die Zeitungen, mit Vorsicht, wie einer, der nach einer Lungenentzündung wieder ein Bad nimmt. Aufsehenerregende Beendigungen von Kriegen werden dort verkündet: Iran, Angola, Afghanistan, Chile ... Aus der Literaturzeitschrift «Paragone» übernommen, publiziert das Nachrichtenmagazin «Panorama» eine Reihe unveröffentlichter Schriften von Elsa Morante. Elsa war von der Sehnsucht besessen, Rimbaud zu begegnen. Wie alle, die lange Zeit gewartet haben, glaubte sie, ihn hier oder dort wiederzuerkennen, und jedes Mal wurde sie enttäuscht. Von einem bestimmten Punkt an muß sie Angst bekommen haben, falls sie ihn wirklich getroffen hätte, nicht mehr von ihm erkannt zu werden. Elsa ist dieser Sommer erspart geblieben. Im Juli wurde einer ihrer jungen Freunde, Luca Coppola, der auch seinen Teil an der qualvollen Entstehung von *Aracoeli* hatte, zusammen mit seinem Gefährten, Giancarlo Prati, an einem sizilianischen Strand ermordet, wer weiß aus welchem elenden Komplott. An Elsas Krankenbett, wo er häufiger Gast war, lernte ich Coppola kennen. Er war melancholisch, nachdem er einmal von jener überschwenglichen Liebe geadelt wurde, mit der Elsa ihre neuen Freunde überschüttete – vorausgesetzt, daß sie ihrer *nicht* sicher sein konnten. Er hatte sich intensiv mit Simone Weil befaßt, die von Elsa verehrt wurde; er hatte Theater gemacht, Marguerite Yourcenar ins Italienische übersetzt und sie interviewt. Aber er fühlte sich ungeschickt, und er dachte, daß seine Brille und seine unbeholfene Ausdrucksweise für den linkischen Helden von *Aracoeli* Modell gestanden hätten. «Ich kann kein Rimbaud sein», sagte er zu mir. Elsa ist die Lektüre dieser zwielichtigen Artikel aus der Boulevardpresse erspart geblieben, auch die Vulgarität der vermeintlichen Rekonstruktionen, das Paßfoto von Luca, der in seinem trübseligen Unglück fürwahr mit Aracoelis Sohn verwandt war.

Auch das Geschrei um meine Person ist Elsa erspart geblieben. Was eine ihrer übertriebenen Verheißungen für mich angeht, so wurde ich von ihr nicht zu Rimbaud erklärt, sondern zu Julien Sorel. (Dann nahm mich Elsa auf den Arm: Du bist zu alt, um Julien zu spielen.) Das war, glaube ich, ein mächtiges Kompliment: Der Revolution gegenüber muß sie stets mißtrauisch gewesen sein, doch die Revolutionäre gingen ihr zu Herzen. Julien, der zu einer Zeit, als die Welt sich zur Ruhe gebettet hatte, bereit war, der Welt zu trotzen, war Elsa im gleichen Maße liebenswert, wie ihr Napoleon verhaßt gewesen wäre. Die Diskrepanz zwischen Julien und seiner Zeit machten aus ihm einen Abenteurer – einer, der dazu bestimmt war, ein böses Ende zu nehmen. Und ich? Ach was, verdreh' dir nicht den Kopf: Es gibt keine Mathilde, die dein abgeschlagenes Haupt in ihrer Kutsche befördert; du bist in deiner neuen Zelle – vormals Nummer Zehn, jetzt Nummer Zwölf –, als frischgebackener Nachfolger von jemandem, der sie mit den Abbildern von aus Zeitungen ausgeschnittenen Autos tapeziert hat, mit roten Ferraris, weißen Porsches und den Porträts von Riccardo Baglioni und Adriano Celentano. Außerdem hat er einen aus leeren Marlboro-Schachteln erfinderisch gebastelten Schrein hinterlassen.

(Ich besaß eine siamesische Katze – sie war wirklich «meine», wie auch umgekehrt –, die Sarah hieß und die unbeschränkte Herrin des Hauses war, wo sie mich stets ungeduldig erwartete. Vor einem Jahr ist sie gestorben, doch manchmal, wenn ich nachts wach bin, sehe ich sie noch immer im Augenwinkel flink durch mein Zimmer huschen und höre ihren Protestlaut darüber, daß ich immer noch nicht im Bett bin, wohin sie mir dann folgt, um sich dort zusammenzukauern: Doch kaum schaue ich nach ihr, ist sie auch schon wieder verschwunden. Vielleicht, weil ich heute abend an Elsa Morante gedacht habe, schien es mir, als sehe ich die Katze Sarah eilig vorüberhuschen. Sie machte eine Miene von mütterlicher Mißbilligung, als wollte sie sagen: War es nötig, an so einem Ort zu enden? Sie war immer etwas vorwurfsvoll, und sie hatte Mitleid mit mir.)

Sich selbst zu lieben wie seinen Nächsten. Für Elsa war der erste Teil der Aufgabe unmöglich.

Ich schlucke ein Aspirin und lege mich schlafen. Mitten in der Nacht wache ich auf. Die Wachen kommen zum Abzählen vorbei, und ich denke an die Abneigung, die man im Gefängnis für die Nacht empfindet. Die sogenannte «Halbfreiheit» des offenen Strafvollzugs zum Beispiel – eine groteske Bezeichnung für die vermeintliche Halbierung der Freiheit, die bekanntlich unteilbar ist –, deren unfreie Hälfte sich vom Sonnenuntergang bis zum Tagesanbruch erstreckt. Diese «Belohnung» als Zugeständnis wird «Halbfreiheit» genannt, und sie erlaubt demjenigen, der einen Großteil seiner Strafe bereits abgebüßt hat, tagsüber – außer an Festtagen, die er drinnen verbringt – das Gefängnis zu verlassen, um einer Arbeit nachzugehen, bevor er zum Schlafen wieder zurückkehrt. Das ist die Arbeits- und Werktagsidee von Freiheit, die sonst an die Nacht schlechthin und an den Mond gebunden ist. Dem zuständigen Minister wäre ein umgekehrtes Regime anzuraten, die produktive und alltägliche Einschließung bei nächtlicher Freilassung.

10. August. Aber ich weiß, warum. Der nächtliche Himmel ist den Gefangenen also versagt, auch jetzt, wo es den Sommer über einen zusätzlichen Hofgang und insgesamt rund fünf Stunden Hofaufenthalt gibt. Den nächtlichen Himmel sieht man jedoch weder im Hof noch durch die Fenster. *Die Zeit der Dunkelheit ist jeder Art von Übel im höchsten Maße zugetan.* Kein Sternenhimmel über uns – keiner in uns, nichts. Ich verfasse einen kleinen Antrag: «Die unterzeichnenden Häftlinge, die in dieser Strafanstalt eingesperrt sind (es folgen 289 Unterschriften) richten an Euer Hochwohlgeboren das ehrerbietige Gesuch, unter heutigem Datum in der Nacht auf den Fußballplatz geführt zu werden, damit ein jeder bei Betrachtung der Sternschnuppen einen Wunsch, der ihm in den Sinn kommt, zu äußern vermag. Hochachtungsvoll usw.»

Das ist die Hölle, ein sternenloser Ort, wie bei Dante:

Quivi sospiri, pianti e alti guai
risonavan per l'aere senza stelle

[Dort klangen Seufzer, Klagen, laute Schreie
hin durch die Luft, die kein Gestirn erhellt]

(was Jacqueline Risset so ins Französische übersetzt hat:

Là pleurs, soupirs et hautes plaintes,
résonnaient dans l'air sans étoiles).

Es gibt wohl keinen abwegigeren Gemeinplatz als jenen, demzufolge der Kerker ein stiller Ort wäre. Ich versuche zu schlafen, doch die Nachbarn lassen den Fernseher in voller Lautstärke dröhnen oder sie breiten zwischen Zelle und Zelle ihr schreiendes Gewäsch aus. Frühes Einschlafen ist überdies ein Fehler, denn um elf kommt eine Wache vorbei und verschließt unter lautem Krachen die zweite Eisentür, die sogenannte «Panzertür» (die erste ist ein massives Eisengitter, zwischen dessen Stäben man den Kopf hindurchstrecken kann). Dann, um Mitternacht, kommen die Wärter im Duett – wenn nicht im Terzett – vorbei, zählen lautstark ab, und da sie über eine Außenschaltung für das Licht drinnen verfügen, machen sie es an, wenn du es ausgeschaltet hast, und machen es aus, wenn du es eingeschaltet hast. (Wie *l'allumeur de reverbeurs* im *Petit Prince: la consigne c'est la consigne.*) Diese Lichtzeremonie, vom Henkersschritt der diensthabenden Wache vorangekündigt, wiederholt sich zu jeder Stunde und manchmal auch häufiger die ganze Nacht über. Das ist Gefängnis, meine Lieben. Laßt euch ja nicht erwischen.

Aus verschiedenen Gründen versende ich zahlreiche Telegramme. Man muß folgendes machen: Man nehme das Formular zum Stellen eines kleinen Antrags, einer *Domandina* (denn so verniedlichend wird es genannt, um die obligatorische und allumfassende Infantilisierung zu unterstreichen; die *Domandina* ist die Königin in diesem Königreich; der eine schreit «ich will sterben» oder «ich will eine Frau», und schon erwidert der andere: «stelle eine *Domandina*»; in einer *Domandina* für den Erwerb von einem Kilo Trauben habe ich geschrieben: «in Erwartung Ihrer Wohlgeborenen fürsorglichen *Rispostina*, zeichne ich hochachtungsvoll» usw. – wenn wir schon dabei sind); man nehme weiter das Telegrammformular, verfasse das Telegramm, fülle die *Domandina* aus, mit der man um die Erlaubnis zum Weiterbefördern eines Telegramms bittet, drehe sie um und wiederhole auf der Rückseite den Namen und die Adresse des Empfängers sowie den vollständigen Text des Telegramms, stecke die ganze Sendung in ein Kästchen und wünsche sich, daß sie abgeht. Am Morgen danach gelangt sie mit telegraphischer Promptheit in die Hände eines Brigadiers, der sie weiter versendet. Derselbe Brigadier verfügt auf seiner Kammer im ersten Stockwerk über ein Postleitzahlenbuch, worin er auf Verlangen den Empfangsort ausfindig macht, freilich ohne die alphabetische Einteilung zu bemerken. Deshalb liest er beim Suchen jedes Mal alles wieder durch, so daß ich mich nach reiflicher Überlegung dazu entschlossen habe, ihm gegenüber nichts zu sagen und die Postleitzahl zu vergessen. Nach drei Tagen und unter offensichtlicher Bezugnahme auf mich hing an den Wänden sämtlicher Abteilungen ein mit dickem Stift geschriebenes Schild, worauf mit dramatischen Worten an die Vorschriften zum Versand von Telegrammen erinnert wurde – unter buchstäblichem Einschluß der Notwendigkeit, *«die zugehörige Postleitzahl einzutragen, die, sofern sie unbekannt ist, beim Brigadier zu erfragen ist»* usw.

Im Gegenzug, im Vergleich zu dem alten Gefängnis, das ich in Erinnerung habe, gibt es keine verhaßten Beschränkungen mehr in der Zahl der versandten Briefe, die einen zur Auswahl unter seinen Liebsten zwang, und auch die Zensur wurde abgeschafft. Früher wurden die Briefe von den Direktoren oder von den Gefängniskaplänen gelesen, die ein Z. darauf stempelten und dabei gierig die Küsse der Liebenden raubten.

Ich verfasse an die zwanzig *Domandine* pro Tag (Beschwerdesucht heißt das, glaube ich, im Fachjargon): für die Erlaubnis zum Erwerb einer Anzahl von 2 (zwei) Tennisbällen in gelber Farbe; für die Erlaubnis zum Erwerb einer Klobürste; auf – vorbehaltlich der nötigen Inspektion – Aushändigung der Tonbandkassette mit den Präludien von Chopin, die zu diesem Zweck bei meinem Anwalt deponiert wurden; für die Erlaubnis zum Erwerb von einem (1) Kilo Trauben. Die Eingaben werden mit einer absoluten statistischen Regelmäßigkeit, die jede Willkür praktisch ausschließt, angenommen oder abgelehnt. Auf zwei angenommene *Domandine* kommt eine zurückgewiesene. Oder auch so: Einen gelben Tennisball ja, den anderen nicht. Auch in einem Gefängnis, das als vorbildlich gilt, ist die Mimesis am Schiffbruch – am Robinsonadischen Überleben –, in ihrer Verwicklung mit bürokratischen Torheiten unausweichlich. Um die Wäsche aufzuhängen, benötige ich eine Schnur, die ich von einem Ende zum anderen der Zelle aufspannen kann. Aber Schnüre, Kordeln und alles, was sich wickeln und winden läßt (wer weiß, wie es die Verordnung genau festlegt), sind verboten. Dafür genügt es, die Bettlaken in feine Streifen zu zerreißen, bevor man sie zum Wechseln an die Verwaltung zurückgibt: So machen es alle. Doch ist das nicht absurd? Sicher, aber verboten ist es nicht.

Der junge «Man schlägt sich durch» hat Zutrauen gewonnen. Aus voller Kehle ruft er aus seiner Zelle nach mir. «Denke daran, die Pampelmuse auf die Einkaufsliste zu setzen», rät er mir. Sobald sie unsere Zellen aufschließen, rückt er mir auf die Pelle, um als erster zu sagen: «Wie geht's?», worauf ich folgsam erwidere: «Man schlägt sich durch.» Ich räche mich, indem ich ihm größere Predigten halte. Er hat noch nie mit einer Frau geschlafen, hat aber große Lust dazu, er ist dreißig Jahre alt. Aber keine hat mich je gewollt, sagt er. Jetzt ist er gleich übermütig geworden, weil ihm jemand versprochen hat, ihm ein Gesuch vorzubereiten. Laut verkündend läuft er umher: «Ich hab' das Gesuch verschafft.» Man fragt ihn zurück: Das Gesuch, wozu? – *Das Gesuch*, sagt er. Als keiner zuschaut, kommt er näher und fragt vertraulich: «Aber das Gesuch, was ist das eigentlich?» Über einen anderen Mithäftling, auch er bizarr und überdies der Mann, der – ohne Konsequenzen – auf seine eigene Schwester geschossen hat, äußerte er verständnisvoll mir gegenüber, der sei «geistig *ge*schränkt».

Auch die wahren Unglücke werden in der Sprache begangen. *Qui non peccat in lingua perfectus est.* Jetzt, da ich mich nicht mehr unter den Isolierten befinde, kommt nach der Beendigung des letzten Hofgangs die Wache vorbei und ruft: «Sozialität!» Das soll heißen, daß die Gefangenen sich untereinander in ihren Zellen besuchen, sich gemeinsam das Essen bereiten und für ein paar Stunden zusammenbleiben können. Eine gute Sache – auch wenn ich es vorziehe, mich ihrer zu enthalten –, doch ein dummes Wort. Die Wache macht Halt vor meinem Gitter: «Sofri, machst du Sozialität?» Eines Tages, sofern er kommen wird, werden sie rufen: «Sexualität!» Das ist Neusprache. Es gibt einen anderen Ausdruck reformlerischer Neuprägung, welcher dermaßen verrückt ist, daß ich meinen Ohren nicht trauen will, als ich ihn zum ersten Mal höre, bis ich die Entdeckung mache, daß er zum Amts- und Justizwortschatz gehört. Einer meiner Begleiter beim Spaziergang spricht ihn aus, um mir seine Gefängnislaufbahn zu verdeutlichen: «Ich habe neun Jahre Vorleid ...» – Wie bitte ...? Was ist denn ein Vorleid? Das ist die bereits abgesessene Strafe. Das Vorleid – das ist wie der Vorschritt oder wie das Vorgekochte. Auch das Erleiden – neun Jahre erdulden, 365 Tage im Jahr – ist unaussprechlich geworden. So könnte eine neue Zeitform des Verbs lauten; das Imperfekt, das Perfekt, das Vorleid, das Plusquamperfekt.

Schon wieder. Ein distinguierter Häftling mittleren Alters, der gewöhnlich für sich allein bleibt, nähert sich mir ganz diskret und fragt nach Jacqueline Bisset. Risset, erkläre ich ihm, Risset.

Erstaunliche Ruhe unter den Politischen, die lediglich von ein paar verräterischen Details gebrochen wird: vom Übereifer bei den Übungen mit den Gewichten in der Turnhalle und von einer jähen Wut beim Tennisspiel. Sie erzählen mir die Geschichte – oder die Legende – von der

Schwester eines erblindeten politischen Gefangenen, die in völliger Unwissenheit und in der Hoffnung, mit ihrem Bruder eine Zelle zu teilen, draußen vor dem Gefängnis von San Vittore zwei Carabinieri ohrfeigte.

G. erzählt mir eine Geschichte aus dem Untergrund von Badu 'e Carros. Dort machte es sich ein Häftling zur Ehrensache, eine Anstecknadel mit buntem Stecknadelkopf zu verwahren und sie unter Einsatz aller strategischen Kniffe zu verbergen. Es war das Banner seines Widerstands. Während der Durchsuchung der Zelle steckten sie ihn in den Warteraum und ließen sich so viel Zeit, wie sie wollten, und ohne jede Beanstandung entfernten sie sich wieder. Er kehrte zurück, fand seine ganze Habe durcheinander, und die Anstecknadel lag beweiskräftig auf dem kleinen Tisch in der Mitte der Zelle. Erneut suchte er nach einem geeigneten Versteck, und erneut kamen auch sie zurück, fanden die Nadel wieder und stellten sie wieder zur Schau.

Beim Hofgang sind Spötteleien über den armen Silvio Pellico zu hören. Verständlicherweise haben ihn nur wenige gelesen, doch vom Hörensagen wissen alle, «welches Lied er sang»: kurzum, ein Verräter. Derart wird die Säkularfrage abgefertigt. Ich werde sein Buch *Meine Gefängnisse* nochmals lesen – wie derjenige, der nach Prag kommt, von neuem zu dem Buch von Angelo Ripellino greift, oder in Procida – passender noch zur Gefängnisgeographie – nach *Arturos Insel*.

Jedes Mal, wenn ich behaupte, daß dies im Grunde ein komfortables Gefängnis sei und nicht mehr der Kerker von einst und so weiter, so schauen mich alle ungläubig an; dann kommt irgendeiner näher und sagt leise: «Knast ist Knast – Knast bleibt Knast.» Vergiß es nicht: Deine Fenster haben Gitter, deine beiden Türen – es sind tatsächlich zwei – sind aus Stahl und schlagen mit eisernem Knall zu; in der

Nacht, zu jeder Stunde, kommt mit schwerem Schritt die Wachschnauze vorbei, macht das Licht an und schaut hinein; vergiß nicht, daß sie alle brüllen; daß, wenn du dir ein Paar Schuhe aushändigen lassen willst, die dir von deinen Angehörigen gebracht wurden, du einen Vordruck ausfüllen mußt, auf dem geschrieben steht: «Es wird gebeten ...»; daß es verboten ist, Eier anzunehmen; daß es verboten ist, Olivenöl in Empfang zu nehmen. Daß du Gefangener bist.

Um den Mond anzuschauen, hat man mir geraten, mit einem Taschenspiegel in der Hand den Arm durch das Metallnetz hinter dem Fenstergitter hinauszustrecken, da, wo Silvio Pellico seinem Leidensgenossen ein Stück Brot hinüberreichte.

Eines Morgens, als ich in schäbiger Kleidung im Hof spazierte, sah ich ein junges, gebräuntes und elegantes Paar in Begleitung des Polizeimeisters ankommen. Von ihrer Kleidung bin ich dermaßen geblendet, daß ich den beiden nicht ins Gesicht sehen kann, denn hier läuft man wie am offenen Badestrand herum, der freilich nur für Männer vorgesehen ist, und wenn man bekleidete Häftlinge sieht, die auf dem Weg ins Sprechzimmer sind, fühlt man sich wie Sonntags auf einer ländlichen Piazza. Es sind zwei Abgeordnete der Radikalen Partei. Sie kennen sich in den Gefängnissen aus und beginnen sogleich auf und ab zu gehen wie wir. Sie erinnern sich daran, über diesen Hof schon einmal mit dem inhaftierten Enzo Tortora gegangen zu sein.

Also greife ich wieder zu Silvio Pellico und lese ihn in einer Ausgabe des Sonzogno Verlags mit den Illustrationen von Johannot, die den rührenden und schmerzerfüllten Charakter des Textes verstärken. Es ist das tränenreichste Buch der italienischen Literatur, und Pellico gehört zu den glanzlosesten Autoren, doch hierin liegt seine Meisterschaft:

Er bedient sich einer Milde und einer Gefügigkeit, die geradezu die Finger danach jucken läßt, zum Angriff auf die staatliche Autorität überzugehen. Kein hochfahrender Stolz hätte mehr bewirken können. Gerade deshalb, weil sie der Autorität – und zwar allen Autoritäten – zutiefst ergeben sind, verbeugen sich so viele Patrioten und Liberale des Risorgimento (übrigens auch viele Umstürzler der Gegenwart) vor ihren Verfolgern, schildern unermüdlich ihre tatsächlichen oder imaginären Verbrechen und verüben ebenso weitschweifige wie ruinöse Denunziationen. Zur Verhängung der Todesstrafe verlangt die Rechtsprechung der Habsburger das Geständnis – was niederträchtig ist –, doch am Ende bewahrt dies die Angeklagten vor dem Schlimmsten. Dessen ungeachtet haben diese nichts Eiligeres zu tun, als ihre wahre oder vermeintliche Schuld zu bekennen, woran sich zeigt, daß das Bekenntnis für viele Angeklagte und für viele Richter ein Bedürfnis ist, das unterschwellig sehr viel stärker wirkt als das Streben nach dem eigenen Recht und Vorteil. Sie spüren von Anfang an, daß sie ihre Kräfte überschätzt haben; sie stehen vor den Gendarmen und vor den Richtern wie Schüler, die sich an den Katheder klammern, und vor dem Phantasma des Kaisers wie der ertappte Knabe vor seinem guten, strengen Vater. Pellico ist keineswegs stärker als die anderen, im Gegenteil. Doch im Sinne eines überkommenen Modells rachsüchtiger Unterwerfung macht er sich – man könnte sagen auf feminine Weise – die eigene Schwäche zunutze. Seine Hingabe ist vollkommen und geradezu servil. Seine Kapitulation vor der staatlichen Autorität hat jedoch einen giftigen Stachel: Wenn die Allmacht des Gefängniswärters vor derjenigen des Ermittlungsbeamten weicht und diese wiederum in Gegenwart Seiner Majestät des Kaisers erbleicht, so müssen sich doch am Ende alle Gottes Oberhoheit beugen. In hinterlistiger Manier wird Gott auf beinahe jeder Zeile von *Meine Gefängnisse* angerufen, um die

Macht der Schergen und Despoten bis zum Zermalmen zu verkleinern, ohne daß sich der Sträfling der Sünde der Majestätsbeleidigung schuldig macht. Es kann sein, daß Metternich tatsächlich sagte, das Buch hätte größeren Schaden als eine verlorene Schlacht angerichtet. Metternich wußte, was es mit der Hierarchie auf sich hat.

Man sagt, Kaiser Franz I. habe sich persönlich und bis in die Details mit dem Schicksal seiner Gefangenen befaßt. Das Zeremoniell sorgte seinerseits für die Verkörperung jeder Autoritätsfunktion in der Person des Kaisers. Von daher ist Pellicos Kaiser – im Gegensatz zu demjenigen Kafkas – erstaunlich nahe und zugänglich; doch aus demselben Grunde ist er andererseits unnahbar und despotisch. Nach seiner Rückkehr vom Spielberg nach Venedig unterrichtet der Kommissar Engelbert die Verurteilten beispielsweise darüber, daß er «in Wien S. M., den Kaiser» gesehen habe, «der mir mitteilte, daß er die Tage der Strafzeit der Herren Gefangenen nicht zu vierundzwanzig, sondern zu zwölf Stunden rechnen möchte». Halbierte Strafe: Siebeneinhalb Jahre an den Ketten «möchte er rechnen» anstelle von vierzehn. Das war nicht einmal wahr. Oder, auf dem Spielberg: «Noch war keine Antwort des Kaisers auf unsere Bitte gekommen, unsere Bücher lesen und andere erwerben zu dürfen.» Dann aber traf sie ein: Franz I. verbot die Lektüre der Klassiker und erlaubte einzig und allein geistliche Bücher. «Einige solcher religiösen Werke wurden uns später als Geschenk des Kaisers zugestellt.» Den Kaiser bittet man auch um die Zuteilung einer Gemeinschaftszelle: «Unser beiderseitiger Wunsch war dem Kaiser berichtet worden, und bis jetzt war noch keine Antwort gekommen.» Wie jeder absolute Herrscher ist der Kaiser eine Vereinigung aus einem Schuldirektor und einem Pedell, der auf wundersame Weise danach strebt, über die billigsten Lappalien zu entscheiden. Muß man sich darüber wundern, wenn Pedelle, Kerkermeister und mediokre Bürokraten, die willkürlich über alle Einzelheiten im Leben der anderen befinden, sich in ihrem Innersten beinahe selbst wie kaiserliche Majestäten fühlen? Franz I. *in persona* ließ Pellico die Lesebrille abnehmen. Und familiäre Nachrichten werden so überbracht: «S. M., der Kaiser, befiehlt mir, Ihnen gute Nachrichten von Ihren Verwandten in Turin zu überbringen ... Es ist immer ein Beweis der Güte des Kaisers, daß er Ihnen diese trostreichen Worte übermitteln läßt.» In seltenen Fällen wird die Person des Kaisers durch einen unpersönlichen Ausdruck ersetzt – durch Wien. Man erbittet «aus Wien» die Erlaubnis zur Amputation – und von dort trifft sie acht Tage später ein. Doch Wien ist ein bloßes Synonym: Nachdem Pellicos Freund und Mitgefangenem Maroncelli ein Bein amputiert worden war, heißt es, «S. M., der Kaiser, hatte befohlen, daß ihm bis zur Wiederherstellung seiner Kräfte gute Speisen gereicht würden». Wie bei den Truppeninspektionen und Militärparaden prüft der Kaiser das Essen, verschenkt Bücher, beschlagnahmt Brillen, halbiert Strafen – und vergißt es wieder. Eine spätere Demokratie tut das alles auf eher laienhafte und anonyme Art und Weise oder aufgrund einer Unterschriftensammlung berühmter oder weniger berühmter Leute. Der Kaiser ist genauso nichtig und fatal wie der Kleinantrag, die *Domandina.* Wie auch die Gnade, wenn sie denn kommt – die Gnade, das befreiendste und launischste aller Himmelsgeschenke –, auf unvorhergesehene und unerklärliche Weise eintrifft. «S. M., der Kaiser, hat wieder ... eine Gnade gewährt.» Wie jeder gute Vater, und sogar besser noch als Gottvater im Himmel, kümmert sich der Kaiser naturgemäß auch um praktische Belange: «Die Kosten unserer Reise wurden vom Kaiser getragen, und er geizte nicht dabei.»

Den Fall Kafka habe ich nicht zufällig erwähnt. Aus solcher peinlichen Allgegenwart und unmittelbaren Nähe gerät die Entthronung des habsburgischen Kaisers zum Werk eines heiligen Märtyrers der kleinen Nadelstiche, zu dem Pellico geworden ist. Sein Kaiser ist auf eine so groteske Weise nah, daß er am Ende, nach Art eines Theatercoups, der gleichermaßen ertragen und auf bewundernswerte Art gemildert wird, in Fleisch und Blut auftritt: «Während wir uns in den Alleen von Schönbrunn befanden, kam der Kaiser vorbei, und der Kommissar ließ uns zurücktreten, weil der Anblick unserer abgezehrten Personen den Kaiser nicht betrüben sollte.»

Gefängnisinsassen – von Rosa Luxemburg bis zum Mann von Alcatraz – werden bekanntlich zu Ornithologen. Was fliegt, belebt die Gefängnisse. Man braucht nur den Kopfbewegungen nach oben zu folgen, sobald in Kerkernähe ein Flugzeug am Himmel vorbeizieht. So stelle ich mir vor, daß einstmals die Gefangenen den Zugvögeln nachschauten. Fliegende, flüchtige Gedanken.

Das engmaschige, in die Querbalken getriebene Gitter, das die Fenster bedeckt, ist unten durchbrochen, so daß man eine Hand hindurchstecken kann, um irgend etwas zwischen Zelle und Hof durchzureichen, um auf dem Gesims die nach Art des Hauses extragrünen Tomaten zur Reife zu bringen, oder um das Brot vom Vortag zum Verzehr für die Spatzen zu zerbröseln. In der Morgendämmerung füllt sich der Hof mit dicken, fetten Gefängnisspatzen. Im Sommer ist dies noch die beste Stunde des Tages, die frischeste und die verheißungsvollste, die von unliebsamen Geräuschen am wenigsten zerstörte. Ich fände es schön, wenn ich einen Spatz dazu überreden könnte, bei mir ein und auszugehen, doch bin ich dazu weder hartnäckig noch begabt genug, auch sind sie dazu keineswegs dumm genug. Ich hätte gerne eine Pflanze. Es ist verboten, Pflanzen zu halten. Als einziger darf Corrado Alunni sie züchten, er ist nämlich der Gefängnisgärtner. Ihm ist der gute Gesundheitszustand der Philodendren *(monsterae deliciosae)* zu verdanken, die den Gang zwischen dem Dritten Tor und dem Zweiten Tor (eine wahrhaft danteske Toponomastik) verschönern. Zum Sonnenuntergang öffnet sich die Gittertür der Abteilung der Politischen, durch die Alunni mit Eimerchen und kleiner Hacke nach draußen tritt. Ich erzähle ihm, daß ich gerne eine Pflanze hätte. Am Tag darauf kommt er mit dem zierlichen Pflänzchen eines kleinen, mickrigen Kiwistrauchs an. Nimm ihn dir, vielleicht sagt ja keiner 'was. Keiner sagt etwas, auch nicht bei der nächsten Zellendurchsuchung. «Er braucht viel Wasser.» Ich bin froh, die Aufzucht einer Pflanze derart ernst zu nehmen.

Es ändern sich die Zeiten, die Verbrechen, die Kulturen – von der Rose von Maroncelli zur Kiwi von Corrado Alunni. (Als ich Alunni hier begegnet bin, waren meine Erinnerungen ziemlich konfus, und ich fragte mich, ob er von den Roten Brigaden oder aus den Reihen von *Prima Linea* stammte, ob er ein Mörder, ein Räuber oder sonst etwas wäre. Gärtner war er.)

Wegfliegen. Ich war gerade beim Essen – im vergangenen Sommer – bei einer Frau aus Rörvik im norwegischen Archipel von Vikna. Sie heißt Svanhild Moe, sie ist zweiundsechzig Jahre alt, und im Alter von drei Jahren und acht Monaten wurde sie von einem fliegenden Seeadler geraubt. Der Seeadler ist majestätischer und kräftiger als der gewöhnliche Adler. Den Ornithologen zufolge, die die Mythologen unserer Zeit sein könnten, wenn sie vom Neid nicht so verhärmt wären, ist der Seeadler überhaupt nicht dazu imstande, einen menschlichen Wicht von drei Jahren im Flug zu sich emporzuheben und zu entführen. Svanhild war es aber widerfahren. Sie lebte auf einem Landgut von Hortavaer, einer unter fünftausend kleinen Inseln und Felsenklippen der Vikna. Am 5. Juni 1932 waren Verwandte und Freunde zur Taufe ihres kleinen Bruders zusammengekommen. Nach dem Festmahl legten sich die Erwachsenen hin, um zu ruhen. Svanhild hielt sich draußen beim Spiel auf. Sie bemerkte beinahe selbst nicht, was ihr geschah. Man machte sich auf die Suche nach ihr, zuerst im Umkreis des Guts, dann bei den Teichen, schließlich am Meer. Auf einer winzigen Insel gibt es nicht allzu viele Plätze, an denen man sich verlaufen könnte. Die alte Vettel vom Ort – deren gibt es überall, und gewöhnlich handelt es sich um eine griesgrämige, unbeliebte Witwe – wetterte gegen den Adler, aber niemand hörte ihr zu. «Du bist es, Verfluchter, der das kleine Kind geraubt hat», schrie sie. Dann fand jemand ganz in der Nähe ein kleines Taschentuch, das Svanhild gehörte. Daraufhin faßte man den Entschluß, auf den Berg Leka hinaufzusteigen, wo der Adler sein Nest hatte: Die Adler bauen ihre Nester auf Baumwipfeln und manchmal auch in Felsenhöhlen. Bis in die tiefe Nacht – dort oben sind die Juninächte weiß – suchten Dutzende von jungen Leuten nach dem kleinen Kind. Sie hatten schon alle Hoffnungen verloren und machten sich auf den Heimweg: Nur einer gab nicht auf, kehrte wieder um und kletterte erneut nach oben. Und da erblickte er ein kleines Bündel, das in einem Felsspalt lag. Es war Svanhild, die schlief, mit dem Gesicht nach unten, und er hatte Angst, sie zu berühren und ihr ins Gesicht zu schauen, denn man sagt doch, der Adler würde seinen Opfern zuallererst die Augen aushacken. Dann berührte er sie mit den Fingerspitzen, leise und sanft, und da erwachte sie.

In einer lichten und glänzenden Wohnstube erzählte Svanhild ihre Geschichte. Mit Geduld zog sie aus einer Schachtel das Festkleid aus Kattun hervor, das sie an jenem Tag getragen hatte und das ganz zerlumpt war und wie eine Reliquie aufbewahrt wurde. «Die übrigen Kinder foppten mich eine Zeitlang mit ‹Junger Adler›. Andererseits fühlte ich mich durchaus ein klein wenig anders. Leif Andersen war der Name meines Retters, wir lebten für lange Zeit auf zwei, ungefähr zwei Meilen voneinander entfernt gelegenen Inseln, und jedes gegenseitige Treffen war ein Ereignis. Nach jenem Tag waren viele davon überzeugt, den Adler mit herunterhängenden Klauen fliegen zu sehen, wegen der anstrengenden Last, die er getragen hatte. Ich entsinne mich, was dort oben geschehen war. Der Adler stand mir gegenüber, und ich warf mit Steinen nach ihm, weil ich ihn mit der Mantelmöwe verwechselt hatte, und beim Verfolgen kleiner Eiderenten hatte ich gelernt, sie mit Steinwürfen zu verscheuchen. Ob ich jemals geflogen bin? Nein, niemals. Der Flug mit dem Adler war das einzige Mal.» Svanhild ist eine kleine Frau mit blauen Augen und einem süßen Lächeln; sie ist längst Großmutter. Auf Rörvik fällt sie nicht auf. Aber alle wissen: Sie ist die, die mit dem Adler bis auf die halbe Höhe des Berges Leka flog und die wieder zurückkehrte.

Das Fernsehen zeigt Berichte, die mich betreffen. Ich schaue sie mir mit einer erstaunlichen Fremdheit an. Als gehörte ich gar nicht dazu. Doch freut es mich wie einen, der einer Gefahr mit heiler Haut entronnen ist. Das sind Augenblicke, in denen mich das Schicksal des letzten Sybaren versucht, als sogar die zur Schlacht aufmarschierten Pferde es vorzogen, einen Tanz aufzuführen.

Gleichwohl schule ich mich im Schlafen bei nur einem geschlossenen Auge und in der Wiedererlangung des Sinns für Feindschaft und für Gefahr. Das größere Risiko besteht darin, sich vom Gefängnisleben aufsaugen zu lassen, das – verstümmelt, wie es ist – gleichwohl ebenso reich und sonderbar wie eine ganze Welt für sich ist. Ein Tagebuch führen, das noch strenger, normativer ist? Zu Protokoll nehmen, wann man sich die Ohren wäscht, wie Niccolò Tommaseo es tat? Wenn man wie Samuel Pepys ein Abführmittel zu sich nimmt? Pepys lese ich in einer drastisch gestutzten Version aus der Gefängnisbibliothek. Das hebt die Stimmung: «Heute morgen stellte ich fest, daß ziemliche Unordnung im Haus herrscht. Ich nahm einen Besen und verprügelte die Magd so lange, bis sie schrie. Darüber ärgerte ich mich.» Oder: «Während ich auf meinem Platz saß, drehte sich eine Dame um und spuckte mich aus Versehen an, da sie sehr hübsch war, regte ich mich nicht weiter darüber auf.» Oder: «Den ganzen Tag Abführmittel genommen und, Gott verzeih's, mehrere französische Romanzen gelesen.» Oder dies: «Der Junge weckte uns heute nicht, wie ich befohlen hatte. Ich ärgerte mich und beschloß, ihn dafür und für viele andere Vergehen ordentlich zu verprügeln. Die Ruten waren aber so dünn, daß es ihm, fürchte ich, nicht einmal wehtat, sondern nur meinem Arm, den ich nachher beinahe eine Viertelstunde kaum bewegen konnte.» Hebt die Stimmung.

In Tommaseos *Colloquii col Manzoni* («Unterredungen mit Manzoni») entdecke ich hingegen das Zitat aus einem Sonett des sechzehnjährigen Manzoni an die *Italia*, das mit dem Vers endet: *«Pentita sempre, e non cangiata mai»* («Allzeit reuig, immerzu unverändert»).

Die Bibliothek wird vom Gefangenenausschuß betreut. Klein und ungeordnet, ist sie durch bloße Anhäufung entstanden, aus Resten von Leihbibliotheken mit eher praktischer Ausrichtung: Groschenhefte, Romane, die Abteilung der politischen Essayistik der siebziger Jahre, die der literarischen Schenkungen der achtziger Jahre. Es gibt ein vielversprechendes Regal mit Büchern über das Gefängnisdasein. Ich verfolge die Spuren, die von unbekannten Lesern hinterlassen wurden. Giovanni Macchia und Pepys habe ich mir ausgeliehen, sowie das alte Lehrbuch *Im Handumdrehen Drechsler werden* von Umberto Mezzera in einer Ausgabe des Verlags De Vecchi. Schluß mit den Metaphern (Canetti: «Zweifeldrechsler»), kehren wir zur praktischen Kultur zurück. Auf daß mir das Gefängnis zur späten technischen

Fortbildung nutze. Ich lese ihn wirklich, den kleinen Wälzer, doch wieder bleibt davon nur die Bewunderung für Namen und für unwiderstehliche Metaphern zurück: Bohrung, Fräsung, Oberflächenhärten, Zulässige Abweichungen und Passungen, Bearbeitungen ohne Entfernungen von Holzspan, Abrichten der Schleifscheiben, Drehungen mit mehreren Arbeitsspindeln, Drehung zum Freischneiden, Hinterdrehmaschine, Gewindeschneiden von Schrauben mit mehreren Normen, Rändelung oder Riefelung, Feinbohren mit Aufreibmaschine, Kalthärten und Warmhärten, Steuerung Rollzahnstange, Steuerung Leitspindel-Nutenstein, Drehung Stufenscheibe und Einscheibe ... Manche dieser Ausdrücke könnten die Untertitel eines Breviers der psychologischen Widerstände abgeben. Nebenbei, auch Primo Levi berief sich auf die poetische Beschwörungskraft solcher Bezeichnungen: *Der Ringschlüssel.*

(Mit dem *Ringschlüssel* nahm Levi, der Wissenschaftler und Verehrer der «gut ausgeführten Arbeit», eine Revanche auf. Die meisten von uns waren erst über die Arbeitskämpfe mit der Technik in Berührung gekommen: Bedaux-Verfahren, Leistungslöhne, Arbeitsplatzbewertungssysteme, Dauergüsse und Stanggüsse und Eisengüsse ... Das war so eine Art umgekehrter Mechanik-Spielkasten – zur Aneignung des nötigen Fachwissens, um das Räderwerk zu demontieren –, und nichts weiter. Don Milanis *Brief über die Lust am Lernen* hatte bereits die Lehrpläne durch das Studium von Tarifverträgen ersetzt. Wie von einem Eckpfeiler aus propagierten wir die Ablehnung des Produktivismus wie des Produzentenstolzes, und wir hatten dafür sehr gute Gründe, die jedoch auch die Unterbewertung der Technik und der Präzision nährten.)

12. August, Freitag. In der Morgendämmerung bin ich schon auf und folge mit den Augen dem Flug der Schwalben. «Grüß dich, Sofri.» – «Hallo, geht's gut?» – «Man

schlägt sich durch, anders geht's nicht.» Der Polizeimeister läßt mich rufen. Das Ministerium dränge sehr. Ob ich abermals eine Erklärung darüber unterzeichnen könnte, daß ich nichts zu befürchten habe und daß mir hier niemand feindlich gesinnt sei? Also schreibe ich: Es geht mir bestens, ich habe weder Befürchtungen um meine körperliche Unversehrtheit noch um mein geistiges Wohlergehen. Hochachtungsvoll. Danach begebe ich mich zum Tischfußballspiel in die Turnhalle, und es wird kräftig zugelangt.

Die Zeitungen sind ständig voll mit Berichten über das Sterben der Seehunde. Ist mein Bedauern über den Tod der Seehunde jetzt geringer geworden, während er mich vor Tagen noch mit einer düsteren Beklemmung erfüllte? Die Seehunde des Baltikums sind durch eine Epidemie dezimiert, andere sind von einer Naturkatastrophe immer tiefer von der Barentssee abgetrieben worden, um zu Tausenden in die Netze der großen Nordfangfischer zu geraten. In diesen Jahren habe ich mich viel um Robben und Wale gekümmert.

Die Leidenschaft für Walfische geht womöglich auf Pinocchio zurück, aber so genau weiß ich das nicht. (Dort war es freilich ein Menschenhai, der erst im Zeichentrickfilm zum Wal wurde.) Ich war sehr aufgeregt, als ich gemeinsam mit den Schulkameraden meinen ersten Wal zu sehen bekam. Genauer gesagt, meinen ersten halben Wal. Gegen Bezahlung hatte man ihn – ich erinnere mich noch an die Plakatzeichnung – in der Villa Peripato von Taranto ausgestellt: Es war ein halber Wal. Gewiß, ein phantastischer Anblick, der durch die im Vergleich zur Einbildungskraft geringeren Ausmaße allerdings geschmälert wurde, auch durch den üblen Geruch – doch war dies eine Ansicht von Erwachsenen, von der ich mich damals nicht stören ließ –, mehr aber noch durch die Halbierung. Er war der Länge nach in der Mitte durchgeschnitten. Ich fragte nicht, warum; denn von einem bestimmten Punkte an stellen Kinder keine Fragen mehr, um sich nicht zu blamieren und auch aus mangelndem Vertrauen in die Kompetenz der Erwachsen. Ich dachte mir, der Wal wäre deshalb in der Mitte halbiert worden, damit man sein Inneres betrachten könne, auch den Raum, wo man landet, wenn man verschlungen wird. Tatsächlich aber hatte man den halben Wal an eine Wand angelehnt, von der er gestützt wurde, als wollte man den Mangel verbergen. Ich erinnere mich nicht mehr, wen ich später sagen hörte, daß die Halbierung einfach dazu diente, die Wanderausstellung zu verzweifachen. Während wir in Taranto den halben Wal von links sahen, besichtigte man in irgend einer anderen Stadt Italiens unterdessen den halben Wal von rechts.

Dieser arme Wal war in den kleinen Kanal eingedrungen, der das Große Meer mit dem Kleinen Meer verbindet, und von dem Taranto seinen Ruhm als Stadt der beiden Meere und des Ponte Girevole bezieht. Die Matrosen der Seewache, die den Wal mit einem Unterseeboot verwechselten, präsentierten ihm das Gewehr. Im Kleinen Meer wurde der Unglückselige dann sogar mit Tiefseebomben unter Beschuß genommen. Den Zeichner Mollino hinderte das nicht, für die Sonntagszeitung *Domenica del Corriere* ein farbiges Blatt zu zeichnen, auf dem ein unerschrockener kleiner Harpunier dem Meeresriesen mit erhobenem Arm gegenübertritt.

Danach habe ich für lange Zeit keine Wale mehr in Fleisch und Blut gesehen, keine lebenden und auch keine toten. Vor ein paar Jahren erfuhr ich vom Waltourismus und von den großen Walen, die Kinder an sich herankommen und sich von ihnen sogar streicheln lassen. Dann habe ich erneut *Moby Dick* gelesen und habe bemerkt, wie sehr Kapitän Ahab und seine Obsession für den ununterbrochenen Kampf mir unterdessen ferngerückt sind. «... *vierzig*

Jahre ist es her. Vierzig Jahre Walfang … Wenn ich das Leben bedenke, das ich geführt habe, die Trostlosigkeit, die Einsamkeit … Wenn ich daran denke, was ich vorher nur halb geahnt und kaum erkannt habe … vierzig Jahre lang ein Narr – ein Narr – ein alter Narr ist der alte Ahab gewesen.» Nichtsdestotrotz schleudert Ahab weiter seine Harpunen, bis sich das Meer über ihm schließt.

In meiner Kindheit bin ich hin und wieder, ohne etwas zu sagen und auch im Winter, ans Meer gegangen, aus Angst, man könnte es sonst versäumen, die Flaschenpost der Schiffbrüchigen aufzusammeln.

Der Junge mit dem «Man schlägt sich durch» verwirrte mich heute mit einer neuen Variante: «Man macht weiter», sagte er. Anders geht's nicht. Ich schlafe frühzeitig ein. Ein Gekreische von Möwen reißt mich aus dem Schlaf, während ich zuvor noch von dem Schiff aus Rörvik geträumt habe – es waren Möwen aus dem Fernseher. Meine Träume sind Wasserträume.

Außerdem habe ich einen langen Traum – *mache* ich einen Traum? *sehe* ich einen Traum? –, den ich den Traum von den Piniennadeln nennen möchte. Der Anfang fehlt. Ich befinde mich an einem Ort, bei dem es sich um die Zitadelle unserer Feinde handelt. Ich trage einen hellen Regenmantel und mische mich unter eine Gruppe von angesehenen ausländischen Besuchern, die vom örtlichen Bürgermeister herumgeführt werden, der sie die Denkmäler bestaunen und vor allem das Lob auf die bürgerlichen Tugenden seiner Regierung vernehmen läßt. Seine Hauptsorge ist der Krieg gegen uns, aber davon läßt er sich nichts anmerken und folgt seiner auf widersinnige Weise normalen Betriebsamkeit. Trotz der Umstände bin ich von der Schönheit der Dinge fasziniert, vor allem von den

Kircheninterieurs. Der Ort ist klein, er liegt auf einem Hügel und ist reich an schönen Bauwerken aus dem Mittelalter und der Renaissance, ähnlich wie Città della Pieve etwa – und vielleicht ist es Città della Pieve. Während wir uns in einer großen Rundkirche mit einem monumentalen Altar im Zentrum befinden, um den die Besucher herumgehen, entschließe ich mich in einem günstigen Augenblick zur Flucht. Ich gehe hinaus, die Leute auf der Straße bewegen sich rasch, lautlos und ohne zu schauen. Dort liegen Trümmer herum. Ich überquere sie und gehe außerhalb der Ortschaft auf einen Pinienhain zu. Dort verlangsame ich meine Schritte, weil ich nicht weiß, welchen Weg ich einschlagen soll. Eine Unmenge großer, flacher, runder Pilze zieht meinen Blick auf sich. Einer wurde offensichtlich beschnitten: Jemand hat ein Stück weggenommen, denke ich, wohl um zu prüfen, ob die Pilze gut sind, und weil er sie dagelassen hat, dürfte das heißen, daß sie ungenießbar waren. Ich weise jemanden auf die Pilze hin, und tatsächlich ist es ein junges Mädchen, das mich auf eine Art anschaut, die mich denken läßt, sie sei meinetwegen hier. Doch sicher bin ich mir nicht, ob sie deswegen da ist, weil man sie mir geschickt hat, oder ob sie nur zufällig vorbeikommt und von nichts etwas weiß; aber auch in diesem Fall denke ich, daß sie meinetwegen da sein könnte. Sie sieht sehr schön aus. Im Nu überholt sie mich und läuft weiter, einem schroff nach unten führenden Abhang zu. Das nehme ich als Angebot, ihr zu folgen. Sie trägt eine Jacke und ein Kleid aus dem gleichen Stoff. Doch während sie vor mir läuft und ich ihr beim Gehen zusehen erscheint sie meinen Augen, die ihr vom Kopfe an abwärts folgen, weniger schön. Ich habe den Eindruck, als hätte ich mich getäuscht, als wäre sie gar nicht die Person, der ich nachgegangen bin. Mit einigem Abstand – denn jetzt hat sie sich noch weiter entfernt – folge ich dennoch ihrem Weg. Der Abhang ist sehr steil, und mit einem Mal fange ich an, auf den Piniennadeln so zu rutschen wie beim Skilauf. Es gelingt mir nicht, zum Halten zu kommen, und gleichzeitig bereitet es mir doch eine große Freude, wie im Kinderspiel hinunterzugleiten. Nahe daran, das Mädchen, das mir vorausläuft, fast am Ende des Pinienhains einzuholen, bemerke ich einen Milizsoldaten – offenbar aus einem Trupp von Wachtposten –, der sie anhält, um ihre Papiere zu kontrollieren. Das ist doch günstig, sage ich mir, denn solange sich der Mann an der Absperrung mit ihr befaßt, ist er weniger frei, sich auch noch mit mir zu beschäftigen. Außerdem bin ich im Gleitlauf, komme damit flugs an der Wache vorbei und hebe kaum meinen Arm, um zu bedeuten, daß es offensichtlich nicht meine Schuld ist, wenn ich nicht anhalten kann: Mit Befriedigung sehe ich sein verwundertes und unschlüssiges Gesicht. Da bin ich schon wieder in einer anderen Ortschaft, nicht mehr mit Bergwegen, sondern mit breiten, quadratischen Plätzen, Bürgersteigen und geometrisch angelegten Straßen, so wie es häufig vorkommt, wenn man von den hochgelegenen zu den Städten in der Ebene kommt. Hier begegnet mir ein Zug von vielen Personen, die sehr angespannt und entschlossen wirken. Ich äußere mit Sorge, daß dort oben Kämpfe stattfänden und daß wir Tote zu beklagen hätten. Ja, ja, das wissen wir schon, geben sie mir zur Anwort. Das geschah vor vielen Jahrhunderten, genau an diesem Tag, und seither wird diese Episode an jedem Jahrestag zum Gedenken wiederholt, aber all das, was damals geschah, ereignet sich tatsächlich wieder von neuem. Die Erklärung wird hastig vorgebracht, weil die Leute unterdessen hierhin und dorthin laufen, um Barrikaden zu errichten und die Truppen anzugreifen, die an den Rändern der Ortschaft stehen. Auch ich renne nach vorne, sammle Steine auf und werfe sie, wobei es mir scheint, als seien die Dinge ganz klar und als wüßten jetzt wohl alle, was sie im Begriffe stünden, zu tun, und auch weshalb.

Besonders stark zurück – vielleicht schon vor dem Erwachen – bleibt der Eindruck des fröhlichen und raschen Wunders von jenem Gleiten auf den Piniennadeln, das so zufällig und vergnüglich war, daß es sogar als Ausweg für die Absperrung diente.

Ich lese Gefängnisbücher, doch gebe ich – vielleicht aus Hochmut – den großen freiwilligen Gefangenen wie Emily Dickinson und Marcel Proust den Vorzug. Ich denke an Proust, an den Haftrichter L. und an den Schrecken der Zugluft. Ich lese, was Giovanni Macchia in *L'angelo della notte* («Der Engel der Nacht») über Proust geschrieben hat, und finde dort eine Stelle über Noahs Arche. Proust dachte, daß Noahs Zustand in der Arche ein besonders elender gewesen wäre. Doch als er krankheitshalber selbst in ähnlicher Situation war, da machte er die Entdeckung, daß Noah aus seiner Arche heraus tatsächlich die Welt hatte erkunden können. Seine Mutter, die bei Tag und bei Nacht ununterbrochen bei ihm war, öffnete bei seiner Genesung die Türen der Arche und begab sich nach draußen, aber wie die Taube kehrte sie noch am selben Abend wieder zurück. Als Marcel jedoch wieder genesen war, da kam sie nicht mehr wieder. (Kafka an Milena: Eine Taube wurde ausgesandt, um nach dem Grün zu suchen; doch sie fand es nicht und kehrte wieder zurück. Demnach kann man sich einen Proust plus Kafka vorstellen: Eine Taube wurde ausgesandt, sie fand das Grün, doch kehrte sie zurück und sagte, sie hätte es nicht gefunden.)

Sonnabend, 13. August. Der junge Fiore, der acht Jahre «Vorleid» auf dem Buckel hat, erzählt eine Anekdote über seine Unwissenheit als Waffenträger. Man hatte ihn zum ersten Mal eingelocht; er saß in der Sicherheitszelle des Polizeipräsidiums und unterhielt sich lautstark mit einem in der Nachbarzelle einsitzenden Räuber. «Als sie dich geschnappt haben, warst du da gesattelt?», fragt ihn der Nachbar. «Wie?», fragt Fiore zurück, um Zeit zu gewinnen. «Warst du gesattelt?» – «Nein, ich war zu Fuß», sucht Fiore zu erraten und wird dafür mit schallendem Gelächter überhäuft. (*Gesattelt:* «bewaffnet». Ein unbekannter Ausdruck nicht nur für Fiore, sondern auch für das Sprachlexikon und das Wörterbuch der Gaunersprache.) Andererseits verdienen meines Erachtens gewisse Redensarten im Knast eine größere Aufmerksamkeit als das Wörterbuch, das hier an Echtheit verliert – verlieren muß, weil die gesamte Welt dabei ist, zur Unterwelt zu werden. Im Jahr 1970, in der Isolationshaft der *Nuove*, gab es einen seltsamen Typen, der Aufseher und Häftlinge gleichermaßen zum Teufel schickte und tobend durch den Hof raste. Mir war es gelungen, mich ein wenig mit ihm anzufreunden, er war ein armer Tropf, und ich gab ihm zu rauchen. Mit den Frauen, sagte er mir, sei jede Zeit verlorene Müh'. Nach seiner Entlassung würde er sich die erste Frau von der Straße auflesen, um es ihr mit der Waffe am Hals zu besorgen, und schnell wieder weg. So sagte er es: «ihr's mit der Waffe am Hals besorgen». Er kam aber nicht wieder frei. Man hatte ihn an ein Zwangsbett gefesselt, die Matratze fing Feuer – vielleicht hatte er versucht, sich in diesem Zustand eine Zigarette anzuzünden –, und als sie kamen und die Zelle öffneten, da war er schon erstickt.

Jeder kennt den Witz von dem Sträfling, der über Jahre in seiner Zelle zwei Flöhe zum Tanzen dressiert und auf diese Tanznummer die eigene Zukunft setzt. Als sich das Gefängnistor endlich hinter seinem Rücken schließt, nimmt er einen tiefen Atemzug und überquert die Straße zu dem Kaffeehaus gegenüber. Dort nimmt er Platz und bestellt sich ein Glas. Während er darauf wartet, entschließt er sich, den Kellner zum ersten Betrachter seines Wunders zu machen, zieht die Schachtel mit den Flöhen aus seiner

Tasche, setzt die Flöhe auf dem Tisch und probiert es wieder mit ihnen: «Hoppla, Marie, Juliette, hoppla ...» Da kommt der Kellner mit dem Tablett zurück, und der ehemalige Sträfling zeigt sie ihm: «Sehen Sie die beiden Flöhe?» – «Oh, entschuldigen Sie bitte», sagt der Kellner, und mit einem Hieb mit der Serviette erschlägt er die Flöhe.

Alle Witze beunruhigen mich. Dieser erzeugt bei mir eine Beklemmung.

Es gibt da einen allseits beliebten «Politischen» namens P., der die Fremdenlegion hinter sich hat und auch ein französisches Zuchthaus, in dem die Gefangenen im Hof – wie bei Van Gogh – noch einzeln im Kreis umherlaufen müssen und kein Wort sprechen dürfen. Er hat einen Körper, den er unerbittlich trainiert und der von Narben gezeichnet ist. Er macht sehr wenige Worte, und diese wenigen sind zumeist – auf Französisch – einem unsichtbaren Kamel vorbehalten, das ständig an seiner Seite ist: *«Le chameau»* – «Vorwärts, *mon capitaine*», sagt er. «Es gibt keine Bananen mehr für den Gefangenen.» Zur mir sagt er: «Dir haben sie aber ein schönes Mäntelchen aus Zement gestrickt.»

Beim Hofgang erklärt mir R. – er hat neun Jahre «Vorleid» –, sobald er zum ersten Mal die Ausgangsgenehmigung bekommen werde, vielleicht in einem Jahr, wird ihn das Aidsrisiko in Angst und Schrecken versetzen.

14. August, Sonntag. Um sechs Uhr dreißig stehe ich auf. Mache Ordnung. Mir juckt es in den Fingern: Ich mache ihnen strenge Vorwürfe, und sie baumeln herunter und lungern herum wie artige Hunde. Sie haben eine Schwiele vom Kugelschreiber und eine vom Bleistift. Ich studiere die Dokumente, die von den beherzten Mitgliedern des Häftlingsausschusses angelegt wurden. Der bürokratische Jargon

läßt seine Ansteckungskraft spüren: Das «sozio-affektive Gewebe» und so weiter. Aus den Statistiken, die sie angestellt haben, ergibt sich mein Anteil von 0, 33 % an den Promovierten – das heißt, ich bin der einzige; ich zähle weiter zu den 67%, die schon einmal gesessen haben; den 52% Drogenabhängigen gehöre ich indessen nicht an. Letztendlich gehöre ich zu den 15% Älteren. Also bin ich nicht nur für einen Roman, sondern auch für das Gefängnis schon zu alt.

Später wohne ich einem Ballspiel bei und bewundere den schönen Griff des Türhüters von der sechsten Abteilung: Er steht unter der Anklage, die eigene Frau mit den Händen erdrosselt zu haben. Er ist sehr jung, behende und ruhig.

Die Anklage gegen mich hat die Städte Pisa und Massa als Schauplätze gewählt. Massa habe ich seit beinahe zwanzig Jahren nicht mehr besucht. Diese rauhe Meeres- und Berglandschaft habe ich in einer liebenswürdigen Erinnerung, die von den märchenhaften Ortsnamen verstärkt wird: Der Fluß Frigido, die Piazza degli Aranci, der Monte di Pasta. Wenige Tage vor unserer Verhaftung hatte ich den Namen der Piazza degli Aranci wieder in den Zeitungen gefunden, weil dort Polizeiaufgebote gegen Leute vorgegangen waren, die sich gegen die Schließung der *Farmoplant*-Fabrik gewehrt hatten. Am 30. Oktober 1827 hatte Giacomo Leopardi von Florenz aus seiner Schwester Paolina die Wunder beschrieben, die er über diesen Platz vernommen hatte: «Was den kommenden Winter anbelangt, so bin ich jetzt entschlossen, ihn in Massa di Carrara zu verbringen, das 70 Meilen von hier gelegen ist; eine sehr bequeme Reise. Das Klima dort ist optimal, ähnlich dem Klima von Nizza und vielleicht besser noch als demjenigen von Rom: Dort schneit es nie, man geht aus und spaziert ohne Umhang, und inmitten der öffentlichen Piazza gedeihen in die Erde verwurzelte Orangenbäume. Ansonsten ist die Stadt sehr, sehr klein (obgleich die Hauptstadt des Herzogtums von Massa und Carrara), es gibt keine verdienstvollen Männer, und der Aufenthalt ist melancholisch genug.» Dann ging Leopardi gar nicht dorthin. Er verbrachte den Winter in Pisa. Auf ihre Weise vergaßen ihn Massas Einwohner dennoch nicht. Auf dem Etikett eines geschätzten lokalen Mineralwassers ist die Stelle aus Leopardis Brief über die Orangen auf der öffentlichen Piazza wiedergegeben, und zwar neben den diuretischen Gehaltsangaben. In jenem Pisanischen Winter verfaßte Leopardi den Gesang *An Silvia*. Das Haus, in dem er weilte, war Ziel unserer Wallfahrten, zunächst als Studenten und dann als Verehrer. Aus einem Loch unter den abgebröckelten Ziegelsteinen der Seitenmauer des Hauses, anderthalb Meter über der Erde, wuchs ein Feigenbäumchen, so mutig und großzügig, wie Feigenbäume nun einmal sind. Das war Pisas kostbarste Leopardianische Rarität: Einer meiner Freunde, der selbst Dichter war, nannte ihn den Baum der Poesie. Im vergangenen Winter hat jemand das Haus umgebaut, die Fassade neu verputzt, das Feigenbäumchen natürlich herausgerissen und die Nische abgedichtet.

Als ich in Pisa Student war, ging das Gerücht um, daß man am Institut für Pathologische Anatomie auf legale Weise Leichname ankaufen würde: Jeder könnte dort hingehen und im voraus seine eigenen sterblichen Überreste verscherbeln. Man unterschrieb einen Vertrag und erhielt dafür den festgelegten Betrag – zwanzigtausend Lire, das war damals der Tarif. Auf junge Leute von zwanzig Jahren übte der Faustische Positivismus des Geschäfts eine unwiderstehliche Anziehungskraft aus. Wer weiß außerdem, wohin man sonst zum Sterben gehen würde, und dies bot immerhin die Gelegenheit, noch ganz gut davonzukommen. Ob es die Erfindung von fortschrittlichen Wissenschaftlern oder von Studenten war, die die Einkünfte eines ganzen Monats in einer einzigen Nacht verspielt hätten, das Gerücht hatte seine Bestimmungsziele: Denn nicht alle würden angenommen, Alte würden vorgezogen, doch am begehrtesten seien junge Leute in schlechter Verfassung, mit schweren Krankheiten und schwächlichem Aussehen überhaupt. Eines Morgens gingen wir als Grüppchen dorthin, um die Leiche zu verschachern. Wir hatten die ganze Nacht durchgemacht und dachten also, schlecht genug auszusehen.

Ein mürrischer Hauswart suchte sich zunächst über uns lustig zu machen, dann jagte er uns aber zum Teufel.

15. August. Ich werde besonders früh wach und genieße die frische Morgenluft. Die Luft strömt herein und, so seltsam es auch erscheint, auch hier freut man sich über den Sommer – und fürchtet den Winter. Draußen im Hof, in der Turnhalle und auf dem Sportfeld folgt mir auf Schritt und Tritt eine Wache: Mir wurde die Große Überwachung zuteil, sagt man mir. Eigens für mich sind zwei Wachen zusätzlich bestellt worden, aus Pianosa ... Ich finde es absurd, und den Wachen geht es auch so. Es sollte nur einen Tag anhalten.

Mit G. unterhalte ich mich über Bergamo. Werde ich einmal sagen können, daß ich einen Teil meines Lebens in Bergamo gelebt habe? Vor diesen Ferien war ich für ein paar Mal ganz kurz in Bergamo. Ich versuche einmal Revue passieren zu lassen, was mir von Bergamo in den Sinn kommt: Angelo Mai, Bartolomeo Colleoni; die *Dalmine*, die erste italienische Fabrik, die besetzt worden war, im Jahr 1911 – ich habe sie auf dem Weg in den Kerker durch das Gitter des Gefängniswagens erspäht. Den Vers des Lieds mit dem Kehrreim *voglio andare in bergamesca* («ins Bergamesische will ich gehn»). Nullo, den Garibaldianer, dem man sogar in Polen Ehre bezeigt und dessen Standbild im Zentrum von Warschau steht. Pesenti und der Zement. Die reichste Provinz Italiens.

Weshalb hat Bergamo dem «bewaffneten Kampf» einen so verhältnismäßig starken Anteil von Gefolgsleuten zugeführt? Die ehemaligen Bergamesischen Kämpfer erklären das mit der Unterordnung Bergamos gegenüber Mailand, aus der sie sich mit dem Beschluß befreit haben, daß Mailand die Metropole der Worte bleiben möge, Bergamo aber zum Ort der Taten werden solle. Diese Beziehung muß alt sein, wenn Bergamo bereits die Stadt war, die anteilsmäßig mehr Männer zu Garibaldis «Zug der Tausend» bereitgestellt hatte (wer weiß, ob sich die Lombardisten daran noch erinnern). Ein gotteslästerlicher Vergleich? Von wegen: Damals wie heute waren es junge Freiwillige. Irregeleitete – heute bestimmt; damals vielleicht.

Kein Eros im Knast. Und auch kein Epos mehr. Der Krieg ist zu Ende, die Gesetzgebung der «Prämien» hat die rebellischen Profile stumpf werden lassen. An der Oberfläche wirkt alles komisch oder kläglich. Doch mit einem Male schleicht sich wie ein Zitat die Epik ein. Am Abend des 15. Augusts zeigen sie im Fernsehen *Der längste Tag.* An einer bestimmten Stelle des Films hören die französischen Partisanen auf Radio London die lange erwartete Losung: «Giovanni hat einen langen Bart.» – «Giovanni hat einen langen Bart», wiederholen die Partisanen begeistert und greifen zu den Waffen. Da ertönt aus einer Zelle ein Schrei, zum Spaß: «Giovanni hat einen langen Bart.» Aus anderen Zellen kommt die Antwort im gleichen Ton. Nach kurzer Zeit ist es schon ein echter Slogan, der im Chor skandiert wird, jetzt aber im Ernst. Auch ich stimme ein: «Giovanni hat einen langen Bart.» Gute Nacht.

Dienstag, 16. August. In der Rotunde werde ich auf einen Häftling hingewiesen, der «aus Versehen» – der vorherrschenden Ansicht nach auch aufgrund der Hartnäckigkeit eines Staatsanwalts – zwei Jahre länger im Knast verbracht hat, als er hätte verbringen müssen. Alle stehen sie um ihn herum und stellen ihre Berechnungen mit ihm an.

Beim Hofgang wird über das Sterben der Robben gesprochen. Der harte und unempfindliche G. erzählt, daß er im Fernsehen einmal einen Kormoran mit von Rohöl durchtränkten Flügeln gesehen hat, der nicht mehr imstande gewesen sei, sich zu erheben, und er fügt hinzu: «Mir kommt jetzt noch die Gänsehaut, wenn ich daran denke», und tatsächlich stehen ihm vor Schauder die Haare senkrecht auf den Armen.

Geschichten aus der bleiernen Zeit. Einige schildern sie mit großer Hemmung, andere erzählen sie ungezwungen und beinahe gern. Peinlich ist die Vertrautheit, mit der manche ehemalige Terroristen, die sich heute tatsächlich weit entfernt haben und reuig geworden sind, von ihren Opfern von damals sprechen: «Alex ...», sagt einer. «Wer ist denn Alex?», frage ich. «Alessandrini, nicht wahr?»

Ich lasse mich – obwohl ich entschlossen war, das nicht zu tun – in eine Diskussion mit F. und G. verwickeln. Aus meiner Sicht mißbrauchen sie die «Politik» als ein Deutungsschema der Vergangenheit, das sie an ihrer wirklichen Interpretation hindert. Die Politik, sage ich, war auch ein Vorwand, eine Ausrede. Zu vier Fünfteln war der bewaffnete Kampf die müßige und zerstörerische Konsequenz des ersten Fünftels. Man setzte ihn fort, weil man ihn begonnen hatte. Die beiden sind durchaus aufrichtig, doch trunken – mehr als von Ideologie – von der Illusion, daß die Ideologie sie geleitet habe und für ihre Dummheiten verantwortlich gewesen sei. Wie gewisse Universitätsprofessoren kehren sie das Verhältnis von Leben und Ideologie um.

Einige haben sich daran gewöhnt – eine Gewohnheit aus Jahren, die in den Gemeinschaftszellen oder unter Verhören verbracht wurden –, mit großer Leichtigkeit über das zu sprechen, was sie getan hatten, was sie zu tun versucht und wieder versucht hatten. Sie sagen zum Beispiel: Meine stärksten Gewissensbisse sind diese und jene, und man hört daraus, daß sie das schon zum x-ten Mal sagen und daß sämtliche Gewissensbisse längst zu Protokoll gegeben worden sind.

Ich spaziere an der Seite des jungen «Man schlägt sich durch». Ich bringe ihn dazu, von seiner Heimat zu erzählen. Um mich zufrieden zu stellen, antwortet er ganz gewissenhaft, bringt aber nicht mehr als ein paar Einsilbigkeiten oder irgendwelche alten Bauernfloskeln hervor. Weil er nun einmal Talbewohner ist, frage ich ihn, ob er die Wälder liebe – ja –, und die Pflanzen – ja –, das Pilzesammeln – ja, und Kastanien auch –, und die Tiere – ja –, und welche Tiere – da steht er ein wenig gedankenverloren herum, um dann zu antworten: «Besonders schön ist das Zebra.»

Das Buch *Cuore* ist stets ausgeliehen. Damals, im Gefängnis von Saluzzo, traf ich gleich am ersten Abend, als ich in der Schlange vor der gemeinsamen Essensausgabe stand, einen reifen Mann, der eine joviale und gebieterische Wesensart hatte. Jemand sprach seinen Nachnamen aus, Sciaccaluga, und eilte hin, um ihn zu begrüßen. Er verbüßte eine Strafe wegen einer mißglückten Betrügerei mit Briefmarken. Seine Tochter Grazia stammte aus der Turiner Studentenbewegung und gehörte dann Lotta Continua an. Sie war intelligent und liebenswürdig, und sie hatte eine zierliche, wunderschöne Figur. Vielleicht hat manch einer seine Scherze über ihr gar zu verführerisches Aussehen gemacht, oder vielleicht hat sie sich selbst ironische Gedanken gemacht über die Zweideutigkeit einer «Handlanger-Arbeit», bei welcher der eine oder andere Arbeiter seine Hände nicht nur nach den Flugblättern ausstreckt. So kam es, daß sie sich eines Morgens bei den Fiat-Werken von

Rivalta, die ihr Kampffeld waren, in einem eng geschnürten, weißen Kleidchen zeigte, das mit zwei schwarzen Händen auf den Brüsten und zwei weiteren auf dem Gesäß bedruckt war. So verteilte sie ihre Flugblätter. An jenem Tag dürfte die Arbeiterklasse ziemlich aufgewühlt gewesen sein.

Grazia hatte ein süßes, keckes Gesicht mit einem tiefen, etwas traurigen Blick aus ihren schwarzen Augen. Sie trug einen Pony. Sie sprach mit starkem Akzent, als ob sie sich selbst persiflieren wollte. An einem Tag des Jahres 1975 erlitten Grazia Sciaccaluga und ihr Vater, der aus dem Gefängnis entlassen worden war, einen Zusammenstoß auf der Autobahn, und beide waren auf der Stelle tot.

Gegenüber der Justiz die Schuld zu begleichen und auch unseren Schuldigern zu vergeben, das ist ein ganzes Hauptbuch. Den Umgang mit der Justizmaschinerie erlernt man bei Betrachtung des Fegefeuers: Abzuziehende Jahre, Sündenablässe, Vergünstigungen usw. Aber die Verdammungen des alten Fegefeuers waren gar zu unverhältnismäßig, um von den Kindern auf lange Sicht ernst genommen zu werden. *Soviel* Zeit konnte niemand haben. Die Ewigkeit, die konnte man noch verstehen. Jahrtausende der Sühne hingegen nicht.

Wollt ihr die lebenslängliche Zuchthausstrafe aufrechterhalten? Dann müßt ihr das Futur II abschaffen. «Eines Tages, sobald ich beendet haben werde, zu ...» In einer Sprache, die das Futur II pflegt, hat das «Lebenslänglich» keinen Platz.

Nach vorausgegangener, langer Inspektion der Geräteteile und der Kassetten, wird mir der Walkman übergeben, den mir mein Sohn Luca gebracht hat. Wer weiß, ob der Inspekteur genügend Geduld hatte, sich *Die Puritaner* und *Norma* vollständig anzuhören. Mein Leben hat sich dadurch auf wundersame Weise verändert. Ich anästhesiere das Getöse draußen und höre Bellini.

Olga singt die Kavatine von *Casta diva* während des ersten Besuchs von Oblomow, der darüber vor Rührung in Tränen ausbricht. Ich weiß nicht, woher Bellinis besonderer Erfolg in der slawischen Welt eigentlich herrührt: Chopin gab der *Norma* den unbedingten Vorzug, und wenn Gontscharow daraus das Leitmotiv seines Romans bezog, so muß es dafür einen Grund gegeben haben: eine Verwandtschaft in leiser Subtilität zwischen dem Opernmelodrama und der Weißbirke – gegen die deutsche Geistesart.

Vor Jahren verbrachte ich mit meinen Söhnen einen August in Paris, wo uns ein Psychoanalytiker leihweise seine Wohnung überlassen hatte. Wie in fremden Hauptstädten üblich, waren wir den ganzen Tag auf den Füßen, unterwegs zwischen zwei miteinander verschwägerten Hauptzielen, dem Jardin des Plantes und den Friedhöfen. Auf Père Lachaise und nicht weit von Chopin (dessen Körper dort ruht, während sein Herz aufgrund eines makabren polnischen Eifers in der Warschauer Kirche vom Heiligen Kreuz verwahrt ist) liegt Bellini begraben. Zur Ergänzung unseres Besuchs an den Gräbern vereinbarte ich mit den beiden Jungen, daß wir uns an einem Abend die *Norma* anhören wollten, mit der Unterstützung des Librettos und in einer Aufnahme mit der Callas. Wir waren noch beim Ersten Akt, als es an der Tür läutete. Davor stand eine zierliche, in Weiß gekleidete junge Frau mit pechschwarzen Haaren. Sie hatte ein hübsches, aber aufgewühltes Gesicht. Sie fragte Nicola, der aufgestanden war, um ihr zu öffnen, nach dem Psychoanalytiker, und bevor jener ihr überhaupt antworten konnte, war sie schon ins Wohnzimmer eingetreten, womit sie zeigte, daß ihr das Haus vertraut war. Ich erklärte ihr, daß der Hausherr nicht eher als in zehn Tagen zurückkehren werde. «Ich kann hier auf ihn warten», antwortete sie und ließ sich in aller Ruhe auf dem Teppich nieder. Ich sagte ihr erneut, daß es sich um rund zehn Tage handeln werde, worauf sie darum bat, noch eine Weile bleiben zu dürfen. Sie fragte: Was würdet Ihr tun? – Wir hören uns eine Oper an. – Dann hör' ich auch zu. Und so fingen wir von neuem an. Sie blieb still, aber plötzlich, an jener großartigen Stelle, in der Norma frohlockt: *In mia mano alfin tu sei* («Endlich bist du in meiner Hand»), fragte sie mich, ob sie meine Hand halten könnte. Sie hatte einen solch erschütterten und flehenden Gesichtsausdruck, daß ich ihr meine Hand reichte. Der Schrecken kehrte wieder auf ihr Antlitz zurück, als ich am Ende sagte, es sei jetzt an der Zeit zum Schlafengehen und für sie, nach Hause zurückzukehren. Sie bat mich, hier übernachten zu dürfen. Das ist nicht möglich, sagte ich, das ist nicht mein Haus. Das wenige, was ich aus meinem psychoanalytischen Wissen hervorkramen konnte – die Gegenübertragung eingeschlossen –, schien mir anzuraten, auf keinen Fall nachzugeben. Da sie jedoch wirklich verzweifelt schien, machte ich ihr den Vorschlag, sie nach Hause zu begleiten, was sie sofort akzeptierte. Den beiden Jungs sagte ich, sie sollten auf mich warten, und so gingen wir los. Jetzt gab sie sich ungeniert und beinahe frohgemut, und in der Metro plauderte sie wie eine Dame von Welt. Als wir an ihrem Hauseingang ankamen, verabschiedete ich mich: Da war sie bestürzt und machte mir deutlich, daß sie erwartet hätte, ich würde mit zu ihr nach oben kommen. Ich mußte sie schroff abweisen, um wegzukommen. In jener Nacht läutete es, ein paar Stunden später, lange an unserer Tür. Wir öffneten nicht. Am kommenden Nachmittag suchte uns ein distinguierter Herr auf, der sich mit großer Bedachtsamkeit danach erkundigte, wer wir seien und wie wir den vergangenen Abend verbracht hätten. Er war ein Verwandter von ihr, und sie hatte am Morgen einen Selbstmordversuch unternommen, doch kam die Hilfe noch zur rechten Zeit, und man brachte sie in eine Klinik, wo sie in wirren Worten von ihrem Wunsch sprach, daß wir verständigt werden sollten. Das war unser Pariser *Norma*-Erlebnis. Meinen Gastgeber ließ ich wissen, was mit seiner Patientin geschehen war, und als ich schon wieder nach Italien zurückgekehrt war, antwortete er mir mit einem höflichen Brief: Das Mädchen habe sich wieder erholt, ich hätte gut daran getan, mich so zu verhalten, wie ich mich verhalten hatte, mit Dank und Grüßen.

Als ich mich zusammen mit dem *Oblomow* und den Tonbändern der *Puritaner,* von *Norma* und *La Sonnambula* in einer Zelle wiederfand, kam es mir so vor, als würden sich dieselben Fäden fortdauernd miteinander verknoten.

Im *Oblomow* stehen die schlaftrunkene russische Seele und die aktivistische deutsche Gründlichkeit einander gegenüber – mit einer Fremdeinwirkung: dem Melodrama. Olga singt italienisch, Oblomow weint italienisch. Wenn also das Melodrama tatsächlich die Krankheit der italienischen Geistesart gewesen ist und ihr den Zugang zum großen Roman versperrt hat, so hat sie in einem der schönsten russischen Romane ganz subtil Rache genommen.

Samstag, den 20. August, gibt es den ersten echten Regen. Bei Sonnenuntergang das Geräusch und der Geruch von Regen auf dem Beton: Um uns davon vollzusaugen, verbringen wir die letzte Stunde des Hofgangs mit nackten Oberkörpern bei lauem Wind im Regen. Am Morgen der erste Besuch von Randi alleine. Sie ist abgemagert, ich bin abgemagert. Sie erzählt mir, daß es vor dem Gefängnis einen Garten voller Birken gebe. Sie sagt es mir auf Norwegisch: *henge bjork*, herabhängende Trauerbirken. In Norwegen hatte ich in der Tat die Bekanntschaft mit großen Wäldern von Hängebirken gemacht. Randi wurde knapp unterhalb des arktischen Polarkreises geboren, in Nevernes, das heißt im Vorgebirge der Hängebirkenrinde.

Vor diesem Jahr war ich noch nie in Rußland gewesen. Nur an seinen Grenzen – das schon, und oftmals –, in Polen, in Lappland, in Ungarn, am Kaspischen Meer: Von dort habe ich es betrachtet, wie man in eine andere Welt blickt. Als Jugendlicher habe ich die russischen Romane gelesen, konnte mich aber trotz allem politischen Starrsinn nie daran gewöhnen, Rußland mit der Sowjetunion gleichzusetzen. Die russischen Romane errichteten das feminine Gebäude, um das herum ich mich jahrelang bewegen würde. Da gab es eine sehr junge Frau, voller Anmut, etwas launisch, doch zutiefst ernst, die einen Namen von strahlender Vokalfülle trug: Aglaia, Natascha, Olga. Da war noch eine andere, weniger junge Frau, hübsch, von einer Schönheit, die unter dem Fall und unter dem Schmerz gereift war, die der stürmischen Leidenschaften und der stärksten Hingabe fähig war. Die eine wartete mit liebreizender Ungeduld darauf, daß sie von einem armen und edlen jungen Mann zärtlich erobert werde, die andere wartete mit verlorener Hoffnung darauf, daß sie durch einen edlen und armen jungen Mann großmütig erlöst werde. Das Desinteresse beherrschte alles in vortrefflicher Weise. Die eine wie die andere wartete, vorzugsweise auf der Bank eines Parks oder, besser noch, eines winterlichen Gartens, unmittelbar vor Sonnenaufgang oder unmittelbar nach der Abenddämmerung. Der edle und reine Mann wäre ich gerne gewesen. Durch solche recht stümperhafte Vorbereitung war ich für Jahre – und was für Jahre! – in Seiten eingedrungen, die nach Flieder dufteten und mit weißen und kräftigen Wäldern von Hängebirken bestanden waren. So kam es – als ich ziemlich viel später mit Hängebirken unmittelbare Bekanntschaft schloß –, daß mich ihre schwankende Zerbrechlichkeit in äußerstes Erstaunen versetzte.

Als Gymnasiast in Rom hatte ich eine Schulkameradin mit einem hübschen, ovalen Gesicht, großen dunklen, leicht mandelförmigen Augen und langen Haaren, die zum Zopf geflochten waren, sowie einem russischen Namen voller Vokale: Anjuta. Ihr Vater, Leonid Gancikow, war ein vor Jahrzehnten emigrierter Professor der russischen Sprache und Literatur. An Heiligabend bin ich trotz eines heftigen Gewitters auf die Piazza Navona gegangen, wo ich auf ein Glas den Namen «ANJUTA» eingravieren ließ und darauf achtete, daß man ihn korrekt schriebe, mit einem schlanken J. Dann begab ich mich zu ihrem Haus, einem schmucken Gebäude am Tiberufer. Anjuta war mir noch nie an einem Nachmittag begegnet: Für Schulkameraden sind der Vormittag und der Nachmittag zwei getrennte Welten, die sich mißtrauisch gegenüberstehen. Nachmittags fand das Leben eines jeden woanders statt, ohne den Schutz, den die Schulgemeinschaft bot, und war den Unterschieden von Familien und Gewohnheiten ausgesetzt. So begab ich mich – mit dem Nachmittag von Anjuta und mit dem Haus ihrer Angehörigen – auf ein zweifach unbekanntes Terrain. Überdies trat ich klatschnaß dort ein und mit dem wertlosen Glas, das mir so poetisch vorgekommen war. Nachdem mich der alte Professor (heute frage ich mich, ob er wirklich alt war) mit einem «Lieber Kollege» in starkem russischen Akzent begrüßt hatte, rieb er mir mit einem Handtuch kräftig den Kopf trocken, und mit den wiederholten Worten «unbedingt, unbedingt» bestand er darauf, daß ich mich in eine Abstellkammer begebe, um dort die Hosen und die Schuhe zu wechseln. Als ich dann meinen Auftritt im Salon hatte, wo die Damen sich unter dem Weihnachtsbaum zum Tee versammelt hatten, trug ich weite, hochgekrempelte Hosen aus Samt, unter denen die Füße in Filzpantoffeln verschwanden. In diesem Aufzug ließ ich mich in einen Sessel fallen und war entmutigt genug, um jeden Versuch aufzugeben, etwas Denkwürdiges zu sagen. Im übrigen nahm niemand besondere Notiz von mir, mit Ausnahme des Professors, der mit mir so begeistert wie zu einer reifen Person sprach, die gleichwohl – was auch ihn betraf – ein kindliches Gemüt hatte. Kurzum, wir unterhielten uns an diesem Nachmittag über den *Oblomow*, den ich kurz zuvor gelesen hatte. Ich behauptete, daß ich mit Oblomow die häufige Plage der Gerstenkörner teilte, und im selben Moment, als ich das aussprach, schämte ich mich schon für diesen Satz, der weder Geist noch Ernst bewiesen hatte. Der Professor aber nickte nur zustimmend und gab mir den Rat, daß ich beim Auftauchen des nächsten Gerstenkorns tief in eine Flasche aus dunklem Glas schauen sollte, was mich meinerseits fragen ließ, ob er das im Scherz oder im Ernst gemeint hatte. Als er sich in sein Arbeitszimmer zurückzog, stand ich ebenfalls auf, um mich zu verabschieden. Über das Glas sagte Anjuta nie auch nur ein Wort; an der Universität Pisa habe ich bei Professor Gancikow später das Examen in Russischer Literatur abgelegt, und wieder sprachen wir über den *Oblomow* und die Gerstenkörner.

Am Morgen durchblättere ich in der Bibliothek die Rohentwürfe der Gesuche, die sich die Häftlinge jeweils von erfahreneren Kollegen aufsetzen lassen. Die Eingaben sind an den Haftaufsichtsrichter adressiert, und es wimmelt nur so von Gespreiztheiten. «Eine Erlaubnis von 7 Tagen (5+2) unter nachsichtiger Gewährung Ihrer sehr verehrten Exzellenz.» – «Ich erlaube mir nochmals den Appell an Ihre Gunst und Ihr Verständnis und bitte Sie um die Erlaubnis, meine Mutter nochmals und vielleicht zum allerletzten Mal wiederzusehen zu dürfen.» – «An Seine hochverehrte Exzellenz.» – «Mit vorzüglicher Hochachtung und Ehrerbietung.» Darunter ist einer, der nicht einmal weiß, weswegen ihm der Prozeß gemacht und wofür er verurteilt wurde: «Mit einem *Vorleid* von 4 Jahren, 8 Monaten und 22 Tagen Beugehaft ...» Ein anderer Antragsteller hebt hervor, daß «der nämliche keine Verbrechen oder Vergehen hinter Gittern begangen» habe.

Meine «politischen» Nachbarn, die auch ihre Sprechstunden mit Verwandten hatten, die mehr Erfahrungen als meine besaßen, lassen mir ein Luxusmahl zukommen: Forelle vom Gardasee, Reissalat und Kuchen.

Beim Hofgang, als ich die Lektüre von Macchia über Prousts asthmatische Erinnerungsgabe noch frisch im Kopf hatte, sprach ich von einem asthmatischen Rhythmus des Gefängnislebens, als G. mich aufbrausend unterbrach: Er litt seit seiner Kindheit an Asthma und ist davon im Knast geheilt worden, und zwar durch eine eiserne Gymnastik (vielleicht ist er sogar zu stark geworden) und durch die Lektüre von Proust. R. berichtet seinerseits davon, daß er im Gefängnis für mehr als ein Jahr bei Tag und bei Nacht an panischen Erstickungsanfällen gelitten habe. Allein durch die intensive Lektüre sei es ihm gelungen, sich zu beruhigen. «Ich habe die ganze *Recherche* gelesen, zweimal.»

Eine brummende Schmeißfliege – immer vor und zurück – zeichnet im Halbschatten über mir ein dichtes Netz aus schwarzen Fäden. Ich liege ausgestreckt auf der Liege und schiebe die Kassette mit den *Puritaner* ein. «Grüß dich, Sofri, störe ich?» Es ist ein Junge aus Zelle Eins, mit einem traurigen Lächeln aus einem zahnlosen Mund, der mir seine Gedichte zum Lesen gegeben hat und der stets Angst hat, er könnte mich stören. Sag nur, antworte ich ihm. «Was treibst du so?» Ich höre Musik. «Was für eine Musik?» Eine Oper. «Kann ich sie auch mal hören?» Andrea heißt er, etwas stört er schon. Ich reiche ihm den Walkman und die beiden Kassetten. Ich rate ihm, sie nochmals von vorne zu beginnen. Gefaßt wie einer, der gerade eine Aufgabe erhalten hat, zieht er sich zurück. Am Morgen danach kommt er mit dem Walkman und einem Haufen Notizblättchen zum Hofgang. «Ich habe versucht, die Worte niederzuschreiben», sagt er voller Eifer. Die in einer Art kindlichen Blockschrift beschriebenen kleinen Zettel sind voller Lücken und

Leerräume für die Wörter, die er nicht verstanden hat. Er bittet mich, ihm die Handlung der *Puritaner* zu schildern. Ich versuche es, während ich mit morgendlicher Energie auf und ab gehe und er lernbegierig neben mir her schlürft, denn sonst verbringt er die Hofstunden gewöhnlich mit Herumhängen auf dem Mäuerchen. Da ist eine Festung, beginne ich, zwei Männer lieben eine Frau, und sie liebt den einen der beiden, ist aber dem anderen versprochen; ihr Onkel jedoch überredet ihren Vater dazu, sie mit dem zu verheiraten, den sie liebt. Die beiden sind bei den Trauungsfeierlichkeiten, als der Mann die Ankunft einer Gefangenen bemerkt, an der die Todesstrafe vollstreckt werden soll. Im allgemeinen, kommentiere ich, stehen die Opern auf der Seite der Gefangenen und hier um so mehr, weil der Bräutigam – er ist der Tenor, und er heißt Arturo – zur Partei der Stuarts gehört und die Gefangene ausgerechnet die Witwe des Stuartkönigs ist. Arturo versucht ihr zur Flucht zu verhelfen, doch setzen ihnen die aufmerksam gewordenen Festungswachen nach, die nunmehr auch ihn verfolgen, während Elvira, die arme Braut, dem Wahnsinn verfällt, weil sie glaubt, daß Arturo die andere Frau liebt. Riccardo, sein Rivale, verhalf Arturo nur deshalb zur Flucht mit der Königin, um ihm Elvira zu rauben. Elvira, die irreredet, tritt im Wechsel mit Arturo auf die Bühne, der erklärt, daß er nunmehr in Sicherheit sei, doch muß er unmittelbar danach erneut die Flucht ergreifen. Schließlich begegnen der flüchtige Arturo und die verrückt gewordene Elvira einander und besingen ihre wiedergefundene Liebe. Doch plötzlich kommen alle anderen hinzu, und Arturo wird zum Tode verurteilt, während Elvira ebenfalls dem Sterben nahe ist. Gott sei Dank trifft im letzten Augenblick die Nachricht vom Ende des Krieges ein, es wird eine Art Generalamnestie erlassen, und Elvira und Arturo dürfen ihre Vermählung begehen und glücklich sein.

Andrea folgt allem, ohne dazu ein Wort verlauten zu lassen, dann geht er weg, um die Oper wieder zu hören. Hin und wieder kommt er, um mich nach der Person zu fragen, die an dieser Stelle gerade singt, oder nach dem Sinn der Worte an einer anderen Stelle, während er das Gehörte stückweise transkribiert. Am Nachmittag fragt er mich, wie es möglich sei, daß Riccardo, obgleich ein Bösewicht, eine solch erlesene und bewegende Arie sänge wie *«Ah per sempre io ti perdei fior d'amore fior d'amore o mia speranza»*. Wenn jemand schlecht oder erbärmlich ist – sagt er –, müßte die Musik das dann nicht anzeigen? Wieso ist die Musik eigentlich immer schön, auch dann, wenn sie niederträchtige oder gemeine Gefühle zum Ausdruck bringt? Ich bin etwas verlegen: Wenn ein guter Maler, sage ich, einen schlechten Menschen malt, wird er ihn gut malen. Aber man muß doch sehen können, daß er schlecht ist, erwidert jener. Die Menschen mögen gut oder schlecht sein, die Musik kann nur häßlich oder schön sein, so bringe ich die Rede zum raschen Ende. Da hört er auf, vielleicht nur, weil er nicht weiter stören möchte, und fragt: «Hilfst du mir beim Aufschreiben der fehlenden Wörter?» Er hat gründlich gearbeitet und hält eine Menge halb beschriebener Notizzettel in der Hand. Auch ich habe Mühe, mich an die Worte zu erinnern und sie herauszuhören. Doch nach ein paar Tagen haben wir die leeren Räume fast gänzlich ausgefüllt, mit ein paar Ausnahmen an poetisch besonders abenteuerlichen Stellen (*Elvira col suo vel un zeffiretto appar, un' iride sul mar, un silfo in grembo ai fior.* Eine Sylphe? Ein Luftgeist. Oder: *qual febbre vorace m'uccide, mi sface*). Dann kopiert Andrea alles nochmals mit Blockschrift in ein neues liniertes Schreibheft, das ich ihm geschenkt habe. Auf das erste Blatt hat er geschrieben: Andrea D., OPERNHEFT. I – *Die Puritaner* von Vincenzo Bellini. Die kontroverseste Stelle ist der von Arturo gesungene Largo *A te, o cara.* Ich vermag mich nicht zwischen den beiden Versionen zu entscheiden, die mir dem Ohr nach plausibel klingen. Die erste Lesart: «A te, o cara, *amor talora* / mi guidò furtivo e in pianto; / or mi guida a te d'accanto / tra la goia e l'esultar.» Die zweite: «A te, o cara, *ah morta l'ora* / mi guidò furtivo e in pianto ...» Mir ist klar, daß die erste Version flüssiger und realistischer ist; aber die zweite ist diffiziler und suggeriert obendrein eine Entsprechung mit dem nachfolgenden Versquartett: «Al brillar di sì *bell'ora,* / se rammento il mio tormento / si raddoppia il mio contento / m'è più caro il palpitar.» Von daher setzt sich *l'ora morta* («die tote Stunde») – voraus geht jener tiefe Seufzer: *ah* – nicht nur als Subjekt an die Stelle des viel banaleren *amor*, sondern sie wird auch *sì bell'ora* («solch schöne Stunde») genannt. Auch in der ersten Version gibt es eine Korrespondenz zwischen dem *talora* («zuweilen») des ersten Verses und dem *l'or mi guida* («die Stunde geleitet mich») des dritten Verses, doch ist sie viel farbloser. Ich mache meine Unsicherheit Andrea gegenüber deutlich, der daraufhin fragt: Aber was ist das denn, die tote Stunde? Ja, sprach man denn von der toten Stunde, bevor man im Straßenverkehr die Unterscheidung zwischen den verkehrsarmen Zeiten *(ore morte)* und den Stoßzeiten getroffen hatte? Und die toten Zeiten, existierten sie vor dem Taylorismus? Die tote Stunde, sage ich zu Andrea, ist nichts anderes als die erste Nachmittagsstunde im Sommer, wenn das Leben innehält und die Zeit leer und aufgehoben zu sein scheint. Die «Gegenstunde». Im Gefängnis sind alle Stunden tote Stunden, sagt er.

Natürlich war die erste Lesart, *amor talora*, die authentische.

21. August, Sonntag. Schon wieder stehe ich viel zu früh auf. Nachts lese ich Charles Ferdinand Ramuz' *Samuel Belet* in einer alten Ausgabe aus der Gefängnisbibliothek. Ramuz habe ich erst vor ein paar Jahren entdeckt, und zwar einzig aufgrund eines bemerkenswerten Ausspruchs, der – ich weiß es nicht mehr – entweder bei Thyde Mounier oder

bei Georges Bernanos zitiert wird: «Die Natur steht rechts.» Mir kommt es so vor, als ließe sich die verzweifelte Härte der Schweizer Berge, über die sich die Protagonisten von Ramuz schleppen – der arme Remigio: es gab eine Zeit, da genügte es, Remigio zu heißen, um einem unglücklichen Schicksal entgegenzugehen –, auch auf die Gemütsverfassung und die Biographien von manchen Insassen dieses Gefängnisses anwenden. Den ersten Ausgang verbringe ich häufig in Begleitung von den «Gewöhnlichen» aus meinem verlotterten Trakt, während die «Politischen», die in ihrer Abteilung offene Zellen haben, sich entweder ausschlafen oder ihre Kollektivgeschäfte erledigen – mit Ausnahme von M., der bereits zum Auslauf und zum Wiederkäuen mit seinem Kamel unterwegs ist. Da ist der «Man schlägt sich durch», da ist ein Automechaniker, der in einen Drogenfall verwickelt ist, dann ein alter und weiser Herr, der wegen einer aufgedeckten Affäre um betrügerische Schecks hinter Gittern ist, sowie ein Mann mittleren Alters, auch er einer aus dem hiesigen Tal, über den mir berichtet wurde, er sei «wegen einer Schießerei» hier. Gegen wen? «Gegen seine Schwester.» Er ist verträumt und voller nervöser Ticks wie dem, daß er mit der Hand jählings in der Luft nach etwas schnappt. Wenn man ihn fragt, warum er das täte, antwortet er mit einem Augenzwinkern, er habe das bei seinem Oberleutnant in der Armee gelernt. Er ist still, lacht häufig mit blinzelnden Augen und trägt Gymnastikschuhe, mit denen er ab und zu einen hölzernen, schleppenden Hüpfer macht. Angestiftet von den Reden der anderen, gibt auch er mir seine Geschichte zum besten: Er hat tatsächlich auf seine Schwester und seine Frau geschossen. «An diesem Tag, da war ich wirklich verrückt geworden.» Er hat eine Tochter von einem Jahr, und er hat eine Leidenschaft für Waffen. Doch von jetzt an will er davon nichts mehr wissen, das schwört er. Im übrigen sei es auch da so gewesen, daß, hätte er sie wirklich umbringen wollen, er sie auch getroffen hätte: Hingegen, nicht einmal eine Verletzung. «Das Mißgeschick war», fährt der Mechaniker mit Sachkenntnis dazwischen, «daß er fuchsteufelswild geworden ist, als sie ihn geschnappt haben.» Mit plötzlicher Anteilnahme sagt der Pistolenschütze: «Es ist schon ein Rätsel, ich entsinne mich an fünf Schüsse, die ich abgegeben habe, sie behaupten dagegen, ich hätte sechs Mal abgedrückt.»

Geschichten von Menschen hört man hier fortwährend, wie auf einer Kreuzfahrt. Viele haben literarische Absichten und vertrauen sie einem an: Das sind die Vertraulichkeiten, vor denen ich mich am beharrlichsten abschirme. Einer meiner Nachbarn, er hat ein wahres Verbrechergesicht, rund und mit kurzgeschorenen Haaren, verbrachte zwei Jahre im Grenzland der Ciociaria, wohin sich Elsa Morante und Alberto Moravia während des Kriegs geflüchtet hatten, und hatte dort einen Roman namens «Der Schatz von Sant'Agata» geschrieben. Der Schatz war dann das Wasser. Er zerstörte den Roman und begann ihn wieder von neuem, weil ihm kein rechter Schluß in den Sinn kam. Der Schluß ist doch nicht so wichtig, sage ich. Und ob er wichtig ist, sagt er, nimm zum Beispiel Emilio Salgari, den Goldenen Berg, da ist ein Finale, und was für eines! Dann, sage ich, schreib', daß du wie die Bewohner der Landschaft bist, die den Schatz suchen und ihn nicht finden, weil er das Wasser war – auch du suchst nach einem Schluß und findest ihn nicht –, entschuldige, unterbricht er mich angewidert, ich muß weg, um etwas zu erledigen.

Traumerzählungen, auch das. Ehemalige Terroristen, die niemals mehr auch nur die geringste Gewalttat verüben möchten, aber im Traum weiterhin absurde und beängstigende Verbrechen begehen.

Leben, die sich in einem Punkt verknoten und deren Knoten vielleicht nie mehr zu lösen sind.

Abend: Wie er es immer öfter macht, obgleich ich ihm den Rat gebe, es nicht zu tun, schreit der junge «Man schlägt sich durch» aus seiner Zelle «Sofri, Sofri». Ich liege auf dem Bett, schreibe, lausche meiner Musik und entschließe mich, ihn zu überhören. Doch diesmal beharrt er außerordentlich, und laut ruft er weiter mit beinahe alarmierender Stimme. Ich gehe zur Tür. Er hat seinen ganzen Kopf durch das Guckloch hervorgestreckt. «Ich geh' nach Haus'», schreit er, «gleich morgen früh. Die Wache hat's mir eben gesagt.» Ich freue mich, sage ich zu ihm. Ich freue mich wirklich. Wenn du jetzt erst einmal draußen bist, mach' ja keinen Unsinn mehr. «Oh, nein», sagt er. «Besuch' mich mal. Ich schick' dir zwanzigtausend Lire.» Das soll eine Pauschale sein für meine Ausgaben, an denen er beteiligt war. Ich drohe ihm scherzhaft mit der Hand und reiche ihm ein wenig schweren Herzens mein blaues Polohemd von Lacoste, denn es war ein Lacoste-Hemd von einst (doch beim Hofgang hatte er zu mir gesagt: «schön, dieses Stück, wer weiß, wieviel es gekostet hat»). Danach kehre ich wieder zum Schreiben zurück, und zum Musikhören.

Die zweite Nacht bei Donner und Regen. Also geht der Sommer zur Neige. Der junge «Man schlägt sich durch» hat versprochen, am Morgen als Freigelassener zum Abschied vorbeizukommen, und hat mir bereits einen Zettel mit seiner Adresse zukommen lassen: *Casali Fernando, via Cosmo Damiani* – das ist sie. Tatsächlich finden die Entlassungen zu früher Morgenstunde statt. Am Morgen geht das Gewitter weiter, und ich erspähe ein undeutliches schwarzes, aufgewühltes Stück Himmel: Die Wolken ziehen ihrer stürmischen Verabredung entgegen, aber der Junge kommt nicht vorbei. Ich rufe nach ihm, er ist noch immer in seiner Zelle. Was ist los? Keine Ahnung, sagt er, gestern abend erklärte mir die Wache, daß ich frei sei. Dann kann es auch nicht anders sein, sage ich zu ihm. Ich ziehe mich anständig an, teils wegen des schlechten Wetters, teils deshalb, weil ich plötzlich vom Sport genug habe, und mit den *Puritanern* im Ohr mache ich mich auf den Weg zur Turnhalle. Casali Fernando war schon bereit, er trug eine Art Jacke, vielleicht hat er sie die ganze Nacht über angehabt, doch jetzt ist es schon fast neun Uhr, und er ist noch immer hier. Ich erkundige mich bei den Wärtern: Sie wissen von nichts. Das dürfte ein Scherz gewesen sein, behaupten sie geistesabwesend. Andere Insassen der Abteilung sagen: Es wird ein Streich des Franzosen gewesen sein, so etwas passiert schon mal im Knast. Bei dem Franzosen handelt es sich um einen jungen tunesischen Homosexuellen, den Putzmann seiner Abteilung; zwar schüttelt er den Kopf, aber es wird klar, daß er es war, und zwar gemeinsam mit so einem Lump von Wärter. Die meisten Häftlinge sind darüber empört. Er wiederum – «Man schlägt sich durch» – verläßt den ganzen Vormittag über seine Zelle nicht. Bei meiner Rückkehr sehe ich, daß er in vollständiger Bekleidung im Bett liegt und das Laken bis über das Kinn gezogen hat. Nach dem Mittagessen, als wir ihn zum Herauskommen drängen, bleibt er sprachlos, bis er schließlich sagt: «Solche Scherze macht man nicht.»

Dinge, die im Knast schon mal passieren: Physiologie einer durch Reglements infantilisierten Männergemeinschaft, die ihr Wesen anatomisch zur Schau stellt. Durchschnittlich starke, kräftige, sehnige Männer. Einer, untersetzt und gewaltig wie ein Stier, kickt den Ball mit gewaltiger Kraft: Am linken Bein, an der Stelle, wo ihm Schien- und Wadenbein gebrochen sind, hat er ein Eisen mit zwei Schrauben. Das Eisen hat sich verbogen, und das Bein ebenfalls. Unter den «Politischen» ist L. durch die Einschußlöcher von fünf Kugeln gezeichnet. P. ist mit Narben übersät wie ein abgetragenes und geflicktes Leder. F. fehlt eine Niere, als Resultat einer Revolte und Schlägerei in Trani. Einem leicht ergrauten und schnaubenden Kicker fehlt die halbe Lunge: Sie hatten ihn schon aufgegeben und im Klinischen Zentrum von San Vittore operiert. W. hat eine Metallkappe auf dem Schädel, aufgrund eines gewöhnlichen Motorradunfalls, und es geht ihm sehr schlecht – aber die zuständigen Behörden glauben ihm nicht oder zeigen ihm deutlich ihren Unglauben. (Einen ähnlichen Anblick hatte ich, als ich im Jahre 1959 zum ersten Mal nach Deutschland kam und bestürzt war über die Menge verstümmelter und verwundeter Körper von reifen Männern, die man in den Freibädern zu sehen bekam.) Darin liegt, wie gesagt, wohl etwas ungemein Rohes, Kindliches und auf leichtsinnige Weise Tapferes – etwas Homerisches. Die Fußballspiele sind wahre Feldschlachten, auch wenn die Kampfwut in Schach gehalten wird. Der hier häufigste Konflikt herrscht unter den Kalabresen und den Bergamesen, doch gärt er jetzt unter der Oberfläche. Im Jahr 1985, nach der Rückkehr von einem Fußballspiel, gingen die beiden Volksgruppen aufeinander los, und ein Junge starb infolge eines Dolchstoßes. Seither sperrt man sie in jeweils getrennte Abteilungen ein. Hier herrscht gegenwärtig keine jener furchtbaren Spannungen, die in den großen Gefängnissen die italienischen und die nordafrikanischen Insassen gegeneinander aufbringen.

Vor ein paar Jahren war ich von einer römischen Anekdote stark beeindruckt. Junge Polen, gebildet, sehr höflich und tüchtig, putzten an den Straßenkreuzungen die Autoscheiben. Der Witz daran war der, daß eine Gruppe von Zigeunern aus Tor Bella Monaca den Entschluß gefaßt hatte, sich die Haare blond zu färben, um wie Polen auszusehen und die Sympathie der Autofahrer zurückzugewinnen. Die Geschichte war wahr.

Die Schwalben treffen anscheinend ihre letzten Vorbereitungen zum Aufbruch: Sie sind aufgeregt, fliegen in

Scharen und durchstöbern die leeren Nester. Wie ich gelesen habe, sterben während eines Vogelzugs 60% der ausgewachsenen Vögel und 80% der Jungen. Es regnet weiter. Schiffbruch im Schiffbruch – durch das Fenster, das ich offenstehen ließ, hat es auf Briefe, Notizhefte und Bücher geregnet.

Ein jeder schleppt mühevoll seine eigene Vergangenheit hinter sich her. Über G., der für einige Zeit Mitstreiter des bewaffneten Kampfs war, von dem er sich heute in deutlicher Weise entfernt hat, wird mir berichtet, daß er sich im Gefängnis das Abbild einer Frau mit gezogener Pistole auf den Arm habe tätowieren lassen: Es war seine Gefährtin und Mitstreiterin. Sie sind zusammen, sie haben ein neues Leben begonnen, doch sie ist dort, auf seinem Unterarm geblieben, mit der Pistole im Anschlag – bis zum Tod.

Mittwoch, 24. August. Von neuem komme ich in den Genuß der Großen Überwachung in Gestalt eines armen Teufels mit Schnurrbart, der ständig hinter mir herläuft und trübselig sagt: «Ich muß immer hinter Ihnen herlaufen.»

Es gibt einen Neuankömmling. Haare und Bart ungepflegt, zerknitterter Jogginganzug und Pantoffeln, stumpfer und verwirrter Gesichtsausdruck, trotz den runden Gläsern einer Brille mit vergoldetem Bügel. Taumelnd läuft er über den Hof, zweimal fällt er zu Boden. Er sieht aus wie um die Fünfzig, ist aber erst um die Vierzig. Vor zehn Tagen hat er seine Frau umgebracht, die ihn verlassen wollte – so melden es die Zeitungen unter der Rubrik «Vermischtes». Gefunden hat man ihn – immer noch den Zeitungen zufolge – im Zustand völliger Verwirrung, als er in der Nähe einer Kaserne der Carabinieri umherstreifte. Er wurde ins Krankenhaus eingeliefert, dort haben sie ihn mit Psychopharmaka vollgestopft, und ein paar Mal soll er versucht haben, sich aufzuhängen. Dann wurde er ins Gefängnis überführt, wo sie ihn weiterhin mit Psychopharmaka abfüllen. Ich frage die Krankenschwester, bis wann man noch gedenkt, ihn mit solchen Dosierungen zu behandeln. Keine Ahnung, antwortet sie, wenn wir es nicht tun, hängt er sich auf. Aber in bestimmten Momenten, sage ich, muß man einem doch die Freiheit lassen, selbst zu entscheiden, ob er sich aufhängt oder nicht. Das schon, aber wenn er sich aufhängt, dann müssen wir dafür herhalten, und auch *die* – sie deutet auf die Wärter. Dem Mann haben sie einen Aufpasser zugewiesen, was hier einen Mithäftling bedeutet, der sich seiner annimmt. Gestützt von seinem Aufpasser – einem geduldigen jungen Mann –, läuft er auf dem Hof in kurzen Hosen, schwarzem Unterhemd und Holzpantinen umher. Draußen war der Mann Juwelier, sein Aufpasser war Juwelenräuber.

Allzu leichte Annäherung, gar zu melodramatisch? Das Gefängnis aber ist ein pathetisches Theater des Schreckens. Was soll man über den Mann sagen, der auf dem Gipfel seiner Verzweiflung den eigenen, drogensüchtigen Sohn umbringt und der dann zusammen mit zwei Drogenabhängigen in eine Zelle gesteckt wird?

Bei den Besuchersprechstunden herrscht eine starke Spannung, und man muß es wissen. Es kann sein, daß man da völlig entnervt wieder herauskommt. Das liegt am Ungleichgewicht zwischen dem, der drinnen, und demjenigen, der draußen ist, und an der besorgten Unruhe desjenigen, der draußen ist. Aber auch an dem, der drinnen ist, der krampfhaft Unbefangenheit und Ruhe vorzutäuschen sucht, aber nicht umhin kann, zu denken oder sogar zu sagen: Ich aber bin im Gefängnis. Das ist die Empfindung, die man bei Besuchsterminen zwischen Kranken und ihren Angehörigen auch spüren kann. Beim Besuchergespräch neben mir ist A., Anarchist und Einkaufschef unter den

Häftlingen; ihm gegenüber sitzt sein achtzehnjähriger Sohn, und sie halten sich die Hände.

Das Wunder an effizienter Freundlichkeit seitens der «Politischen»: Vor ein paar Tagen meinte ich scherzhaft, ohne Feigen und Kaktusfeigen sei ein Sommer doch wohl kein Sommer. Heute abend kommt eine Packung mit zwei Kaktusfeigen und sechs Feigen bei mir an.

26. August, Freitag. Draußen, bei Sonnenuntergang, ist ein klares, scharfes Licht, das, durch die Fenster der Krankenstation gesehen, dem Umriß der Berge näherrückt. Ich schaue mir ein Fußballspiel an, währenddessen ich mir, wie üblich, die Erzählungen und Vertraulichkeiten der Häftlinge anhöre. Einer erzählt mir, P. – mein zuständiger Staatsanwalt – benutze flüssiges Make-up. Ich lache: Ach was! Ernsthaft, insistiert er, denn als wir einmal ein Urteil erwarteten, für das es nur wenig Zeit brauchte, und man uns in ein Zimmer hinter den Gerichtssaal brachte, sah ich mit eigenen Augen, wie er auf sein pockennarbiges Gesicht flüssiges Make-up auflegte. Wenn es nicht stimmt, dann ist es eine hübsche Erfindung. Ein anderer beschreibt sich selbst als Dieb, Handaufleger, Okkultist und automatischen Schriftsteller: Sogar Einstein habe er beschworen, doch sei das Resultat danebengegangen, sagt er, weil er vergessen hatte, das Käppchen vom Kugelschreiber abzuziehen. Ich betrachte ihn mir sehr genau, und bin mir nicht darüber im klaren, ob er mich foppen will oder nicht: Vielleicht weiß er das nicht einmal selbst. Alle haben sie von Prügelgeschichten, von Drohungen, von körperlichen Foltern durch Polizei und Carabinieri zu erzählen, und oft genug klingt es glaubwürdig. Gezogene Pistolen wie die, aus der vor Tagen während eines Kasernenverhörs einem Feldwebel der Carabinieri ein Schuß losgegangen und ein Junge dabei ums Leben gekommen ist.

Ich erhalte ein Telegramm, gezeichnet mit den Namen von sechs Fiat-Arbeitern. «Hektor oder Achilles, wir sind alle auf deiner Seite.» Zuerst habe ich das nicht verstanden, doch dann erinnerte ich mich wieder. Eines Abends, nach einem Essen im Haus von Freunden in Turin – einer jener Abende, an denen man in vertrauter Gesellschaft sitzt, während die Zeit vergeht – , fragte ich jeden in der Runde, ob er Hektor oder Achilles den Vorzug gebe. Ich entsinne mich noch an die Sicherheit im Ton von Robys Antwort: «Ich stehe auf der Seite von Achilles, weil er der Sieger ist.» Wir dürften schon etwas getrunken haben. Ich behauptete, daß die Antwort auf die Frage die Menschen spalten würde: hüben oder drüben. Robys Antwort war von falschem Zynismus. Auf seiner Seite hatte er die jugendlich frische Entdeckung der eigenen Stärke und Kraft und auch, daß die Ehre, die man den Besiegten erweist, den Siegern aller Zeiten gelegen kommt. In jenen Jahren hatten die Arbeiter den Willen, zu siegen und Generationen von früheren Besiegten zu erlösen. Als Junge war ich mit meiner ganzen Person für Hektor, weil man auf der Seite dessen stehen muß, der verliert, der menschliche Angst verspürt und sie dennoch überwindet und sich in den Kampf begibt. Jetzt aber, sagte ich, würde ich Mitleid und eine tiefere Sympathie für Achilles verspüren, den das Schicksal zum Siegen verurteilt habe. Ich stellte mir Achilles verzweifelt darüber vor, dem Tapfersten seiner Feinde in einem Duell begegnen zu müssen, wo der Sieg fraglich ist. Die Diskussion zog sich leidenschaftlich und ohne Ergebnis hin. Ich entsinne mich nicht mehr so gut ihres Ablaufs: Irgend jemand war von der Idee fasziniert, wonach der Arbeiterklasse eine unabwendbare Bestimmung zum Siegen zufiele, so wie Achilles, ein anderer von jener Idee, wonach der Revolution überhaupt die noble Sendung der Niederlage anstünde, so wie Hektor. Das geschah an einem Abend vor fünfzehn Jahren vielleicht. Und jetzt erreicht mich das Telegramm: Hektor oder

Achilles, wir sind alle auf deiner Seite. Diesmal würde ich erklären, daß ich auf der Seite von Hektor, des Verteidigers, stehe. Das ist derjenige, welcher frei von Ressentiments war.

(Der dreifache Lauf um die Stadtmauern und das Duell zwischen Achilles und Hektor nimmt in der *Ilias* beinahe die Länge eines ganzen Gesangs ein. Vor ein paar Jahren haben Archäologen – vermutlich Amerikaner – bei einer Ortsbesichtigung errechnet, daß die ganze Affäre eine halbe Stunde gedauert hatte.)

Aus bloßem Zeitvertreib fangen die Menschen auf Spaziergängen gelegentlich einen Grashüpfer ein, und unter Gelächter quälen sie ihn.

Dienstag, 30. August. Ich mache mich fein, denn meine Mutter kommt zu Besuch. Sie ist schlank und hager, sie trägt eine Brosche, die ich ihr aus Polen mitgebracht hatte. Mir geht es gut, und sie muß es bemerken: Ich bin gebräunt, schlank – ein wenig abgemagert, sagt sie.

In einem Artikel über die zwanzig Jahre seit 1968 hatte ich einen schönen Satz geschrieben: «Die Jahrzehnte vergehen im Flug, gewisse Nachmittage aber dauern ewig lang.» In Wirklichkeit war es ein Ausspruch, den ich meiner Mutter gestohlen hatte.

P. kommt vorbei, ein «Politischer», der die Kontenbücher für die Einkäufe führt. Er hat den verschlossenen und melancholischen Blick eines Druckfahnenkorrektors, doch ist er der eleganteste Fußballspieler des Gefängnisses. Heute trägt er ein sauberes weißes Hemd, der Bart ist glatt rasiert, und sein Blick ist bedeutungsschwer. Ich frage ihn: Ist heute dein Geburtstag? Genauso ist es, er hat Geburtstag; er hat es niemandem gesagt, aber sich fein gemacht: Ich schenke ihm das erste Buch, das ich schnell zur Hand habe – in meiner Zelle hat sich mittlerweile eine ganze Bibliothek angehäuft: Georges Dumézil, *Der schwarze Mönch in Varennes*. Am nächsten Morgen wird er es schon durchgelesen haben.

Es ist September. Im Juli wurde ich verhaftet.

Schwätzchen. Eine Wache, die ihre Scherze über mögliche Ausbrüche macht, sagt: «Wie die Jungs von Alcatraz legen sie die Strohmänner auf die Pritschen und machen auf Hanswurst in der Hängematte.» Damit meint er die Stoffpuppen zur Tarnung bei der Flucht. Tratsch über einen unbeliebten Wachmann, der mit der Tochter des Polizeimeisters verlobt ist: die niederbergamesische Version von Fabrizio del Dongo und Clelia in Parma. Ein Häftling sagt: In der Abteilung Acht geht es einem gut, man sieht die Berge, die Oberstadt und die Autos ...

Der Juwelier, der mit Beruhigungsmitteln vollgestopft wurde – «damit er sich nicht aufhängt» –, hat heute einen Ausbruch fröhlicher Euphorie: Er spielt Ball, rennt hin und her, läßt sich den Bart rasieren und die Haare schneiden (und besteht darauf, ein Trinkgeld zu geben, weiß aber nicht wie: er verspricht es) und beteiligt sich auf dem Zementhof am Kartenspiel der Sonderlinge aus der zweiten Abteilung. Heute nacht schrie er: «Ich sterbe.» Vor einiger Zeit hatte er das Feuer auf zwei kleine Diebe eröffnet. Mit Schußwaffen vertraut, hat er diese dann in einer Liebesangelegenheit mißbraucht. In mir löst er Gefühle der Härte und Abneigung aus – obgleich ein frischgebackener Mörder das Recht auf Mitleid haben sollte.

Nachts ein gewaltiges Regenrauschen, gut für den Schlaf. Schlecht für den Schlaf ist nur der Krach von Menschen und das Klingen des Eisens.

2. September. Ein bedeutungsloser Tag, außer für das Geschehen am Himmel, der gewittrig, schwarz und von Scharen verwirrter Tauben überflutet ist, dann vom Wind wieder gesäubert wird, um in tiefblauem Leuchten zu erstrahlen. Der junge Fiore kocht *Penne al radicchio e fagioli* mit wiederaufbereiteten Gefängnisbohnen. Die *Pasta e fagioli* aus der Mensa schmeckt in der Tat gut, nur hat sie einen seltsamen Makel: Zur einen Hälfte sind die Bohnen bis zum Zerfallen übergart, zur anderen Hälfte sind sie noch hart und roh. Die Diskussionen darüber reißen nicht ab: Einer sagt, sie bereiteten gleichzeitig zwei unterschiedliche Bohnentypen zu; ein anderer behauptet, daß ein Häftlingskoch zur Mitte der Brühzeit ausriefe: «Haben wir vielleicht zu wenig hineingetan!», und die andere Hälfte des Sacks dazuschüttet.

Der Goldschmied spielt und albert weiter herum, dann fällt er mit einem Schlag zu Boden und bricht sich einen Arm.

3. September, Samstag. Es gibt hier einen Polizeibeamten namens Franco – Ciccio gerufen –, mit großem Schnurrbart und breitem, gutmütigem Gesicht, der öffnet die Panzertür mit Feingefühl, um es leise zu tun.

Beim morgendlichen Hofgang ein blaß durchscheinender Tagesmond. Die Schwalben sind noch immer da: Vielleicht habe ich den ängstlichen und unfreiwilligen Wartezustand des Häftlings, wonach jeder Tag gut ist, um von dannen zu ziehen, auf sie übertragen.

9. September. Ballspiel, Gang zum Zahnarzt. Der Zahnarztbesuch läuft folgendermaßen ab: An drei Tagen in der Woche gehen die HIV-Positiven hin und an zwei Tagen die anderen. Das ist gewiß eine dramatische Meldung über die

Zahl der HIV-Positiven. Ich ertappe mich selbst bei der Frage nach den hinreichenden Vorkehrungen zum Schutz «der anderen» – das heißt zu meinem – vor dem Ansteckungsrisiko. In Wirklichkeit tragen die HIV-Positiven das größere Risiko, weil jede «gewöhnliche», von den «Gesunden» übertragene Infektion für sie tödlich sein kann.

10. September, Samstag. Beim Spaziergang R., der kaum über Dreißig ist: «Ich habe noch nie Fernsehen in Farbe gesehen.» Man mag sich ausrechnen, seit mindestens wie vielen Jahren er schon hinter Schloß und Riegel sitzt.

Ich bin reizbar und den Wachen gegenüber zu Unrecht bärbeißig. Was mich aus der Fassung bringt, ist das ordinäre Stimmengewirr meiner Mithäftlinge. Dann schlägt meine Laune unversehens um. Jemand bringt mir einen Granatapfel, und ich esse ihn: Granatäpfel mag ich zwar nicht besonders, aber die Idee gefällt mir.

11. September, Sonntag. Die Gewährung der zusätzlichen Stunde für den nachmittäglichen Hofgang läuft aus; eine Art gefängnisgerechte Zeitverschiebung. Die Stunde erstreckte sich von 16 Uhr 30 bis 17 Uhr 30: sie war die dem Abend am wenigsten entfernte. Von heute an bleibt man von nachmittags um halb vier bis morgens um neun eingeschlossen.

Es gibt unglückliche Wachschichten. Um vier Uhr morgens haben sich die Wachen der Nachtschicht in der Rotunde – dem Mittelpunkt, wenn nicht dem Panoptikum, dann aber *Panakustikon* – zu einem ausgedehnten Wettkampf im Rülpsen versammelt.

Wenn man die Häftlinge danach fragt, welches der schlechteste Zeitpunkt überhaupt sei, antworten sie einmütig: Der Morgen, wenn man aufwacht. Man merkt jedesmal wieder von neuem, wo man sich befindet.

(«Das Erwachen nach der ersten Nacht im Kerker ist etwas Entsetzliches.» Pellico.)

12. September, Montag. Ich spiele ein bißchen Tischfußball, dann setze ich mich hin und schaue zu. Y. setzt sich neben mich und erzählt mir in allen Einzelheiten und in einem mühsamen Italienisch die Geschichte seiner Unschuld. Kaum hat er sie beendet, beginnt er wieder von vorne und erzählt sie mir im reinsten Dialekt – jetzt bin ich derjenige, der seine Mühe hat –, verziert sie noch mit ein paar neuen Details, und diesmal ist er schuldig.

Am Nachmittag bin ich auf dem Spielfeld, und ein Durcheinander von Stimmen, das sich bis zum Fenster der obersten Etage verfolgen läßt, gilt mir: Ein Häftling, der zum Fernsehen zurückgeblieben ist, schreit mir von dort aus zu, daß sie mir die bedingte Freiheit des Hausarrests erteilt haben. Also breche ich noch vor den Schwalben auf. Es beginnt das Defilee der Verabschiedung und Glückwünsche. Man fühlt sich schuldig, wenn man das Gefängnis verläßt. Man scherzt: Ausgerechnet jetzt, wo ich beim Tennisturnier am gewinnen war. Es herrscht Rührung. Fiore entfernt sich im Augenblick des Abschiednehmens. Die kurze Zeit des Wartens vergeht wie im Fluge mit dem Verteilen der verschiedenen Dinge an die Zurückbleibenden: Der kurze Mantel geht an Fiore, der Tennisschläger an Diego, die Decke an Dario, Bücher und Hausrat an viele, die Tennisschuhe an den unbeschuhten jugoslawischen Fußballspieler, eine Reihe von Kleidungsstücken und die Lebensmittel an den «Man schlägt sich durch». Das Kiwipflänzchen geht an Alunnis Gärtchen zurück: Ich hatte nicht die Zeit, das neue Blatt aufsprießen zu sehen. Ich gehe zum Direktor, um auf die Eskorte zu warten, die mich wegbringen wird. Er ist umgänglich, es muß ihm ein doppeltes Vergnügen bereiten, daß ich gehe – ein Problem weniger –, wir plappern, während er in einem fort *Doman-*

dine gegenzeichnet. Mein Eindruck bestätigt sich, daß er sie gemäß einer unparteiischen statistischen Methode bewilligt und ablehnt: Ja ja nein ja ja nein. Schließlich trifft die Eskorte ein: Vier junge, rüpelhafte Carabinieri, die es ablehnen, den Gefängniswagen mit zwei Einkaufstüten voller Notizbücher und Papiere zu belasten – das überstiege die Gewichtsgrenze –, und mir die Hände hinter dem Rücken mit Handschellen fesseln.

Zurückgebracht nach Hause

Unter quietschenden Reifen und zischenden Rufen, «Bastarde! Hurensöhne!», gegen die Reporter und Fotografen vor dem Gefängnistor fahren sie los. Mit Handschellen an den Gelenken bin ich in diese eiserne Grabkammer eingesperrt, wo sogar das bläuliche Lämpchen durchgebrannt ist. Während wir über die Autobahn von Bergamo nach Florenz rasen, ist es mir unmöglich, mich im Dunkeln und mit gefesselten Händen auf dem schiefen Sitz des eisernen Käfigs aufrecht zu halten. Ich schweige und warte ab. Immerhin bin ich auf dem Heimweg. Die Ankunft ist grotesk. Beim Hinabrollen auf dem ausgehobenen Feldweg – ein zur Übernahme dazugekommener Alfa der lokalen Carabinieri fährt voraus – sehe ich den Garten voll mit Journalisten, Fotografen und Scheinwerfern vom Fernsehen. Diese Einfaltspinsel meiner Eskorte halten den Gefängniswagen an und lassen mich für zwanzig Minuten im Dunkeln eingesperrt, während sie Täuschungsmanöver studieren, um – wer weiß, warum eigentlich – jener abgehetzten Kommandoabteilung der «vierten Gewalt» auszuweichen. Als sie mir schließlich öffnen, steige ich ganz langsam heraus, damit man mich auch gut mit hinter dem Rücken gefesselten Händen sehen kann. Heftig versuchen sie an mir zu zerren, und ich schreie sie an: «Hände weg!», worauf sie zurückschrecken. Wir geraten in ein unwürdiges Gedränge. Sogar die Hunde haben Mühe, sich ihren Weg zu bahnen. Dann schaffen sie es: Sie springen an mir hoch und sind nahe daran, mich umzuwerfen, da ich die Arme weder zum Schutz noch dazu benutzen kann, sie zu streicheln.

Ich nehme das Haus wieder in Besitz, und auch die Nacht.

Für einen Tag ist Frieden, und ich benutze ihn zum Atemholen und zum Betrachten eines Horizonts, der weder ummauert noch umzäunt ist. Später kommen dann Männer in Uniform und Zivil, die – ohne zu sagen, wer sie schickt, und weshalb – generalstabsmäßige Lokalbesichtigungen durchführen, die Mauern und die Fenster des Hauses von oben bis unten, von den Feldern aus und von den Hügeln gegenüber ins Visier nehmen. Anschließend setzen sie die Totalüberwachung in Gang: Drei Fahrzeuge sind gleichzeitig präsent, dazu mehr als zehn Männer in Tarnanzügen, mit Maschinenpistolen im Anschlag, Infrarot-Ferngläsern und Fotozellen. Polizeiagenten stehen in den Kanälen, im Röhricht und im Hintergrund des Tals: Sie durchsuchen Passanten, kontrollieren die Kofferräume der Autos meiner Nachbarn, ermahnen die junge Frau von nebenan, stets die elektrische Beleuchtung anzulassen, «weil es wenig braucht, damit ein Schuß losgeht» ... Andauernd dringen sie in mein Haus ein. Vier Tage, nachdem man mich entlassen hat, werde ich zu einer Gegenüberstellung (die ich seit dem Tag meiner Verhaftung verlangt hatte) einbestellt, so daß ich – stets eskortiert – erneut nach Mailand fahre, hin und wieder zurück. Die Nacht davor werde ich zu jeder halben Stunde von Polizeipatrouillen geweckt, die angeblich Befehle ausführen. Nach Mailand fahre ich im Gefängniswagen – ohne Handschellen – zusammen mit drei Carabinieri aus Florenz, die sich diesmal freundlich verhalten. Ich bin dermaßen schläfrig, daß ich im Käfig des Gefängniswagens einschlafe – wie am Tag der Verhaftung. Im Dienstzimmer eines Oberleutnants G. in der Kaserne bei der Via Moscova, wo ich zwei Stunden lang warten muß, schlafe ich erneut ein. Der Oberleutnant G. – er selbst ist nicht da, nur das Schild mit seinem Namen – besitzt einen Schrank mit ganz vielen Schlössern, der in breiten, leuchtenden grün-weiß-roten Streifen gestrichen ist. Der Raum für die Gegenüberstellung ist weitaus größer und mit einem beachtlichen Aufgebot an Wimpeln und Sinnsprüchen dekoriert. Es gibt sogar ein gewaltiges, gegen die Wand gelehntes Ölgemälde mit einer Hirtenszene im Stil des 19. Jahrhunderts – die ewige, provisorische Leihgabe von welchem Museum auch immer. Es ist das Amtszimmer eines Obersten M. Es ist ein barbarischer Brauch, daß Untersuchungshandlungen dieser Art in einer Kaserne der Carabinieri stattfinden müssen. Dafür gibt es keine Rechtfertigung aus Gründen der Sicherheit – jedenfalls nicht in diesem Fall – oder der Geheimhaltung.

Die Amtshandlung zieht sich von nachmittags um halb fünf bis abends um neun Uhr hin. Gemeinsam mit meiner florentinischen Eskorte, die ebenso ausgehungert und auf ihre Heimkehr erpicht ist, breche ich schließlich wieder auf. (Einer der Carabinieri, ein an Gastritis leidender Sarde, der hinter mir saß, preßte bei der Ankunft in Mailand plötzlich seinen Kopf dicht an das kleine Fenster des Gefängniswagens und rief laut: «Was ist denn das?» – es ist der Mailänder Dom. Er sagt, der sei ja viel schöner und größer als der Dom von Florenz. Etwas weiter zeige ich ihm die Scala. Bei der Rückfahrt auf der Autobahn erzählt er mir, er sei froh, denn es sei das erste Mal gewesen, daß er Mailand gesehen habe.) Um ein Uhr nachts kommen wir an, empfangen von der surrealen Belagerung der Polizei. Mir wird erklärt, man müsse mich alle drei Stunden persönlich kontrollieren. Frühmorgens, als es mir endlich gelungen war, etwas Schlaf zu finden, reißt mich ein neuer Heidenlärm aus dem Bett. Ich gehe nach draußen und treffe dort auf einen Polizisten, der seine Pistole gegen die Hunde gerichtet hat. Mir wird schwarz vor den Augen, und ich überhäufe ihn mit Beschimpfungen. Mir ist nicht ganz klar, ob ihn der Wille zur Provokation oder die Dummheit antreibt, und jetzt bin ich fest entschlossen, lieber ins Gefängnis zurückzukehren, als diese Bravourstücke weiterhin zu ertragen. Ich rufe in der Polizeiwache an und verlange einen Beamten zu sprechen, der wüßte, was hier vorginge. Binnen einer Viertelstunde werde der gesamte «Dienst» eingestellt, versichert mir der zuständige Beamte: Niemand wüßte, wer das alles befohlen hatte, und auch nicht warum; es sei wohl ein Mißverständnis gewesen, möglicherweise sei man nur um meine Unversehrtheit besorgt gewesen und so weiter. Also komme ich wieder zum Atemholen. Der örtliche Polizeimeister, der diesen Sturmangriff gar nicht gerne gesehen hatte, schüttelt nur den Kopf und sagt wiederholt und diskret: «Die waren etwas übereifrig.» Doch mein Unglück hält an: Am Tag darauf, einem Sonntag, wird die Jagdzeit eröffnet, und für den, der auf dem Lande lebt, gibt es kein schlimmeres Erwachen. In den Jahren zuvor war ich stets im Morgengrauen aufgebrochen, um mich mit den Schützen von verträumten Fasanen und Turteltauben herumzustreiten. Heute darf ich nur um die kleine Wiese vor dem Haus herumlaufen und mir Mühe geben, den flinken und geregelten Schritt, den ich mir beim Hofgang angewöhnt hatte, beizubehalten. An diesem ersten Jagdsonntag flüchtet sich ein kleiner Kauz am hellichten Tag in meinen Garten.

Ganz methodisch ahme ich das Gefängnis mit den Vorteilen der Zwänge nach. Ich verbringe viele Stunden im Gehen, bündele die Gedanken und lasse Zeit walten zwischen den Dingen, die sich ereignen, und dem Impuls, auf sie zu reagieren. Bald zeichnet sich auf dem Wiesengras die feine Spur meines Pfades ab.

Wie ein Verrückter laufe ich draußen herum, höre Musik – der Walkman ist jetzt meine ständige Prothese –, und wie im Zeitraffer von Fernsehdokumentationen schaue ich mir an, was mit den Pflanzen passiert, obgleich ich es im Fernseher ein wenig abstoßend finde, sie zusehends wachsen und groß werden zu sehen. Ich sehe den Blättern des Maulbeerbaums beim Fallen zu, bis nur noch ein einziges, letztes Blatt zurückbleibt, dessen Fall ich beobachte, als handle es sich um eine seltene Sonnenfinsternis: Goldgelb werden die Blätter der Pappeln, zuerst die jüngsten, dann die älteren und höheren, flammend rot werden die Ahornblätter. Ich versorge die Hühner, die tagelang keine Eier mehr legen, weil sie vielleicht noch unter dem Schrecken der Polizisten stehen, die sich in dem Hühnerstall schwer mit der Überwachung zu schaffen gemacht haben.

Der alte Fernseher bei uns zu Hause hat vor einem Jahr den Geist aufgegeben. Klobig und stumpf blieb er in seiner Ecke stehen. Manchmal sagten wir, wir wollen fernsehen, und verfolgten die Dinge, die sich auf der erloschenen Bildschirmfläche spiegelten. Einen kaputten Fernseher zu haben, ist etwas ganz anderes, als keinen Fernseher zu haben: Man freut sich über das leicht zu erlangende Vergnügen, *nicht* fernzusehen, was fabelhafte Überraschungen mit sich bringt wie die autofreien Sonntage zu Fuß während des Ölembargos. Da ich zu Hausarrest verdonnert bin, schenkt man mir einen neuen Farbfernseher. Wenn ich nicht gerade wie ein Esel um den Mühlstein herumlaufe, schaue ich fern. Zum Lesen habe ich keine Lust, also mache ich mich erneut auf den Weg. Die Hunde laufen kurz hinterher, dann legen sie sich verdutzt auf den Boden: Was ist das für eine seltsame Neuerung, stundenlang im Kreis herum zu laufen? Wo sind die Spaziergänge von einst geblieben? Warum geht es nicht mehr hinaus in den Wald?

Langsam, langsam kommen die Dinge wieder ins Lot. Aber die Woche wird gewaltsam durch die Ermordung von Mauro Rostagno unterbrochen. Ich selbst bin darunter zerbrochen. Es gab ein beschämendes Hin und Her von vorgetäuschten und wieder zurückgezogenen Genehmigungen für meine Reise zur Beerdigung nach Sizilien. Ich setze meine Wanderungen auf der Wiese fort, doch bin ich sehr müde. Ich stelle mir Trapani vor, das Hinterland, die Farbe des Meeres, den Anblick von Monica und von Maddalena, die Düfte. Chiccas Gesicht sehe ich im Fernsehen, ich sehe Mauro in den Nachrichtensendungen, die er im lokalen Fernsehsender gemacht hat, viele unserer gemeinsamen Freunde sehe ich weinend auf den Aufnahmen der Beerdigung. Ich bleibe in dem Haus zurück, das zum Gefängnis erklärt worden ist.

Stunde um Stunde setze ich meine jahreszeitlichen Messungen fort. Seit dem vergangenen Sonntag wird es eine Stunde früher dunkel. Unter meinen Schritten häufen sich die verwelkten Blätter. Auf den Balkons unten im Ort entdecke ich andere, die ihre betrüblichen Hausarreste verbringen – ein sitzender Greis, der stundenlang bewegungslos auf die Straße starrt. Schöne Tage sind es, herrliche Septembertage. Aus Bergamo treffen Briefe und Karten von den Gefangenen bei mir ein, die über Mauro schreiben. Gefangene sind besonders feinfühlig; sie schämen sich ihrer Gefühle nicht, und sie nehmen sich Zeit, welche zu haben.

Der 6. Oktober ist der Tag des Referendums in Chile, großer Jubel, große Bitterkeit: Die Diktaturen sterben an Altersschwäche. Viele rufen an und sprechen auf den Anrufbeantworter. Darunter ist auch die Stimme von Mimmo Granata, der Gewerkschaftsfunktionär in Neapel und Arbeiter beim Stahlwerk *Italsider* war. Einmal hatte er mich gebeten, ihm ein Buch über die russische Revolution zum Lesen zu empfehlen. Lies mal die Geschichte von Trotzki, hatte ich ihm geraten. Ein paar Monate waren vergangen, bis ich Mimmo Granata wieder traf, der das Buch unterdessen von Anfang bis Ende gelesen hatte und mir erklärte, das sei das erste Buch, das er in seinem Leben gelesen habe. Er war von diesem Gefühl hingerissen. Wer weiß, wieviele Bücher er seither gelesen hat – und welche?

Der 16. Oktober, ein Sonntag, bringt eine klare und kühle

Nacht – zum ersten Mal sieht man den Atemhauch – mit einem strahlend weißen Halbmond, zwar nur wenigen, aber außerordentlich leuchtenden Sternen. Der Montag vergeht mit dem Aufstapeln von Winterholz. Abends spüre ich davon die Schmerzen, schaue mir im Fernsehen *Blut und Arena* an und gehe schlafen. Als ich am nächsten Morgen erwache, hat man mich wieder in die Freiheit entlassen. Wankelmütige Richter: Kaum sechs Tage sind es her, da hatten sie ein Freilassungsgesuch verworfen und geschrieben, wir würden die Beweise verdunkeln, es bestünde Fluchtgefahr und wir seien eine Gefahr für die Gesellschaft. Heute schreiben sie, es bestünde keine Verdunklungsgefahr, wir seien auch nicht gefährlich und es sei ausgeschlossen, daß wir die Flucht ergreifen würden.

So bin ich zwar noch im Schlafanzug, aber schon frei. Bei Sonnenuntergang im Gefängnis hatte ich öfter gedacht, daß ein freier Mensch zu dieser Stunde nach San Gimignano fahren, dort auf der Piazza della Cisterna einen Aperitif zu sich nehmen, an der Stadtmauer entlang spazieren könnte, bevor er für ein Abendessen in der Osteria delle Logge weiter nach Siena führe. Gemeinsam mit meinem Sohn Nicola kommen wir beizeiten in San Gimignano an. Ich recke mich draußen, ich recke mich drinnen und genieße die seit drei Monaten verbotenen Handgriffe: Ein Münztelefonat, eine mit Geld bezahlte Zeche, ein Augenspiel mit einer deutschen Frau am Nebentisch. Spät nachts kehren wir zurück. Auch Randi trifft wieder ein, die nach Mailand gefahren war, um im «Haus der Kultur» an einer Debatte über den «Fall Sofri» teilzunehmen, die bei der Nachricht von meiner Freilassung abgebrochen wurde. Ich denke, sie hatte in der Nähe des Ausgangs Platz genommen.

Menschen, die mir lieb und teuer sind, treffe ich in den folgenden Tagen wieder, vereint zu angenehmen Abendessen. Ich gehe durch Tage und Nächte voller Schlaf und Ermattung: Der Lebensgeist in mir ist so schwach geworden wie eine Notkerze, wenn das elektrische Licht wieder angeht.

Am 3. November Ankunft in Punta Raisi. Ich spaziere ein wenig am Meeresufer entlang, die Isola delle Femmine gegenüber. Niemand ist da, außer einem jungen Paar, das sich mit einer für diese Morgenstunde ungewöhnlichen Inbrunst auf der Karosserie eines geparkten Autos umarmt. Aus den Gärten ergießen sich die Bougainvilleen und strahlender Hibiskus. Das gleiche Spektakel einer überladenen und unzeitigen Blüte herrscht auch entlang der Straße nach Trapani. Ich komme an der Stelle vorbei, an der Mauro ermordet wurde, und erreiche die Ortschaft, wo er lebte und arbeitete. Maddalena kommt mir entgegen, sie war vier Jahre alt, als ich sie das letzte Mal sah; jetzt ist sie ein Mädchen von sechzehn Jahren, das Mauro in einer Weise ähnelt, daß es einem das Herz zuschnürt – die Ähnlichkeit bedeutet jetzt für mich nichts anderes mehr als dies: Schau', Mauros Gesicht, du wirst es nie mehr sehen, außer hinter diesem Gesicht. Ein weißer Hund, ein Hirtenhund aus den Abruzzen, mit einem blaugefärbten Schwanzwedel folgt ihr. Weitere Kinder kommen hinzu, die sich zum Spaß die Haare in Türkis und Grün gefärbt haben. Der Friedhof liegt auf der Spitze eines windigen Sporns über den beiden Meeren, gleich hinter Erice, mit einer Wolkenkappe und übersät von großen, goldgelben Ringelblumen. Später betrachte ich die Regale in Mauros Zimmer: Bücher besaß er nur zum benutzen. Mein Haus ist voller Bücher zum behalten.

Mitte November reise ich nach Triest. Wenn wir als Kinder am Piave ankamen, rief uns die Mutter immer herbei, um uns den Gedenkstein zu zeigen: «Piave, heiliger Fluß für das Vaterland», und sie erklärte uns, daß er bis 1917 nach der weiblichen Form benannt war – *die* Piave –, bevor er zu militärischem Rang befördert wurde, und sie sagte die Ballade vom Piave auf: *«... Il Tagliamento non tagliò un bel niente»* («Der Tagliamento zerschnitt gar nichts»).

Mein Sohn Luca begleitet mich. In Triest übernachten wir im Hotel zur Post. Am anderen Morgen begrüßt mich der Seniorchef des Hauses: «Willkommen, Herr Sofri.» Wir nehmen die Bahn nach Opicina, von der steilen Zahnradbahn aus erblicken wir das Meer und die Vorboten der roten und goldenen Herbstfarben des Karsts. Zu Fuß gehen wir in Richtung Monrupino. Hinter Opicina Campagna machen wir einen Abstecher über den Pfad, der zu der tiefen Doline mit den Tropfsteinhöhlen und den Fledermäusen führt, wohin sich die Leute zum Schutz vor den Bomben geflüchtet hatten, mit Wänden, die voller Namen, Daten und Worte sind; sie *waren*. Der Pfad wird jetzt brutal durch die aufgerissene Narbe einer Autobahnbaustelle unterbrochen. Die Doline – mit den Höhlen, dem Refugium, den auf die Wände gemalten Sätzen und Namen – wurde mit dem Zement des Straßenfundaments aufgeschüttet. Der Pfad ist abgerissen, mit ihm auch meine Wanderung. Im Norwegischen gibt es einen Ausdruck, «gjengrodden stier», der im Italienischen ohne Äquivalent ist, weil wir kein Land der Pfade und Wälder sind: Sinngemäß ist es mit «die vom Gras überwachsenen Pfade» zu übersetzen. *Auf überwachsenen Pfaden* («På gjengrodde stier») war der Titel der letzten, extremen Selbstverteidigung des greisen Knut Hamsun. Das bedeutet auch: Die Pfade, auf denen wieder Gras gewachsen ist, die Pfade, die zugeheilt sind, die Pfade, die das Gras vernarbt hat ... Dort wächst Gras und man kann dennoch den Pfad darunter erraten. Mein Pfad war einfach zugeschüttet worden: Jetzt verläuft da ein Streifen, aus dem wieder Gras wächst – mühsam zwar, denn der Stein ist viel stärker –, welches am Rand einer Böschung abgerissen ist. Darunter öffnet sich der breite Fluß des Asphalts: Ein wenig wie die Brücken, von denen nur der erste Bogen stehengeblieben ist, als Denkmal an die Zeiten, in denen man noch hinübergehen konnte. Als wir uns wieder auf den Rückweg machen, spüren die Füße auf dem verbliebenen Rudiment des Pfads den steinernen Boden mit seinen Vorsprüngen. Ich reibe zwei Steine aneinander, um Luca den verbrannten Geruch riechen zu lassen – auch um ihn selbst wieder zu riechen.

Heute sind die schroffsten Dolinen, in die Hunderte und Aberhunderte von Opfern hinabgeworfen wurden, durch kleine Schilder gekennzeichnet – damals nicht. Nur eine beiläufige mündliche Erinnerung blieb zurück – man kümmerte sich fast gar nicht darum, wer von wem umgebracht worden war – und der häufige und leichtfertige Gebrauch des Worts *infoibare* («in eine Doline werfen»). Die Unaufmerksamkeit ging so weit, daß die Jungen dort angezündetes Unterholz hinunterwarfen, damit der Rauch die wilden Tauben vertriebe, denen sie dann beim Dolinentrichter auflauerten, um sie mit Zweigenhieben zu töten. Zum Vergnügen.

Luca kann ich den noch immer vorhandenen Pinienhain zeigen, wo meine erste politische Tat stattfand, die mich bereits spüren ließ, inwieweit die Resultate die Ziele verfehlen können. Dort in Opicina Campagna verbrachte ich den Sommer bei einer slowenischen Patentante, die in einem Bahnwärterhäuschen lebte. Die kleine Bahnstation war der letzte Halt vor der jugoslawischen Grenze, und sämtliche Züge – vor allem der Orientexpreß – hielten dort lange zur Kontrolle an. Dort standen drei Wohnhäuser für die Familienangehörigen der Bahnbediensteten sowie eine hübsche, aber heruntergekommene *gostilna* (slow.: Gasthaus) mit Laube samt Roßkastanienbäumen und Bocciabahn. Ich war zwölf Jahre alt, als ich im ersten Sommer des italienisch gewordenen Triests in den Ferien nach Opicina kam. Ich ließ mir beim Nähen einer Trikolore helfen, befestigte sie an einem strammen, entrindeten Ast und kletterte auf den Wipfel der höchsten Pinie hinauf, um daran das Banner zu befestigen. Das Wehen der Fahne war von weitem zu sehen. Im Jahr darauf, als ich für den Sommer wiederkam, war die Fahne zur Hälfte geschrumpft und vom Regen verwaschen, und die Spitze der Pinie, an der ich sie mit einem dünnen Kabel befestigt hatte, war halb verdorrt. Ein paar Jahre später war die Pinie tot, und an der Spitze ihres Skeletts stak weiterhin, jetzt aber krumm, schief und nackt, die hölzerne Fahnenstange. Ich hätte mehr davon lernen können – über das Schicksal der Fahnen und der Pinien.

Von der Burg von Monrupino aus schaut man – nur wenige hundert Meter jenseits – nach Jugoslawien. Einstmals war es eine wirkliche, eine furchtbare Grenze. Am Bahnhof trafen völlig ermattete Flüchtlinge ein, die in verschlossenen Güterwagen oder unter Waggons gebunden angereist waren. Einen von ihnen, der die Grenze zu Fuß überquert hatte, entdeckten wir einmal im Wald und eskortierten ihn zu den *Cerini* («Streichhölzer»; unter der alliierten Besatzung wurden so die Triester Polizisten genannt; oder auch «Rohre» – eine handlungsunfähige Truppe, wenn auch in stattlichen Blauhemden). Wir selbst waren uns nicht einmal darüber im klaren, ob wir einem Entkommenen Geleit gaben oder ob wir einen Banditen eingefangen hatten. Viele kamen gar nicht erst an, weil die Drusen auf sie geschossen hatten. Damals konnte ich mir nicht erklären, weshalb die Flüchtlinge, die drüben offenbar dermaßen verhaßt waren, daß sie um ihres Entkommens willen ihr Leben aufs Spiel setzten (was sie von vornherein ehrbar machte), auch bei uns so schlecht aufgenommen wurden. Auch nicht, warum meine Freunde, allesamt Kinder Friaulanischer, Triestinischer oder Emilianischer Eisenbahner, sie verächtlich *sciavi* («Slawen») nannten, dann aber ihre Abende damit verbrachten, den Mädchen aus den Flüchtlingslagern hinterherzulaufen. Ich liebte diesen Ausläufer der slawischen Welt, der leibhaftig bis zu mir gekommen war, und die Mädchen, die Miriza oder Slatka hießen. Die Patentante hieß Malci – von Amalia –, sie redete ohne Unterschied mit Menschen und mit Tieren. Meine Kratzer und Hautabschürfungen desinfizierte sie mit Arnika, und sie lauschte den Gedichten, die ich auswendig aufsagen konnte, wobei sie mich bat, ihr die schwierigen Worte aufzuschreiben.

Ich gehe auf den Friedhof von Zolla, um auf den Gräbern wieder die Namen zu lesen (und die Nachnamen, zwei oder höchstens drei); ich lese die roten Blätter des Perückenbaums und des Essigbaums auf, und erneut steige ich hoch zu der windigen Stelle der Kirche von Pietra d'Istria. Mit neunzehn Jahren war meine Mutter in dieser Ortschaft Lehrerin und legte damals denselben Weg durch den Wald zu Fuß zurück, sogar am Abend, im Dunkeln und im Schnee.

Ich bin gekommen, um den Bruder meiner Mutter zu besuchen, der im Sterben liegt. Er weiß es und möchte keine Zeit mit Kuren und Schwindeleien verlieren. Wie sein Vater hat er sein ganzes Leben bei der Triester Lloyd gearbeitet. Er brachte uns Elfenbeinelefanten aus Afrika mit, Beutelbären aus Australien, Halwa und *rahatlokum* aus Ägypten. Er bewohnt ein schönes Haus auf der Höhe oberhalb von Barcola – etwas über dem Leuchtturm von Vittoria –, von dem aus man das Meer und die beiden Küsten überblicken kann, so weit wie das Auge reicht. Hier schlief ich als Junge, und durch das halb offene Fenster strahlte ein heller Lichtstreifen auf die Wände, dann ein weiterer, dann ein längeres Intervall, dann wieder von neuem. «Die Stärke von 1240 000 Candela, verteilt auf 2 Weißblitze mit der Brennzeit von 40 Sekunden bei einer Doppelfrequenz von 2"7 und 11"5, folglich einem Umlauftakt von 15".»

Er gibt mir das Tagebuch seiner Kriegsgefangenschaft in Deutschland zu lesen und schenkt mir ein Foto von meiner Mutter, jung und hübsch, auf einem Boot.

Nach meiner Verhaftung veröffentlichte die Zeitung «Il Piccolo» ein Foto meines Geburtshauses. Es machte einen seltsamen Eindruck auf mich. Viele Erinnerungen an die Zeit, in der ich als Kind in der Stadt lebte, habe ich nicht mehr: Das Aquarium, natürlich, dann Coca Cola, das in Triest, dank der «Freien Zone» und der amerikanischen Besatzung, mit einigen Jahren Vorsprung eintraf; die erwachsenen Triestiner schlürften es in den populären Tanzlokalen von Roiano und verspeisten dazu frittierte Sardinen und Radicchio in Essig. Ich erinnere mich an die Inschriften: *Zivel Tito* («Es lebe Tito») oder *Smrt fascism* («Tod dem Faschismus»). Oder *Trst je nas*, was bedeuten sollte, daß Triest uns gehöre. Ein seltsames Phänomen, bei dem die Sprache an sich die Aussage ist: Sie möchte stets dasselbe sagen – Triest gehört uns –, aber in der einen Sprache möchte Triest jugoslawisch, in der anderen italienisch sein.

Der Winter war für mich der Süden, der Sommer war Triest. Die wahre Bora habe ich nicht eher kennengelernt, bis ich als Erwachsener nach Triest zurückkehrte, obgleich ich von der Schilderung beeindruckt war, wonach die Kinder, um auf dem Schulweg nicht weggeweht zu werden, die Taschen ihrer Mäntelchen mit Steinen gefüllt hatten. Als mich jemand, der meine Triester Herkunft entdeckt hatte, nach der Bora fragte, gab ich ihm jene übertriebene Version des Märchens vom Däumling wieder. (Und wie war es wirklich? Gab es in den Häusern in der Nähe des Eingangs eine Kommode mit tragbaren Steinen?)

In Triests Kneipen spielte man 36 und Briscola. Beim Briscola muß man Zeichen geben: Die Lippen vorstrecken, bedeutet ein As, einen schiefen Mund ziehen, und es ist die

Drei, die Augen in Richtung Himmel drehen, und es ist der König, mit den Achseln zucken, und es ist der Ober, an den Unter erinnere ich mich nicht mehr. Als ich klein war, kam mir das etwas lächerlich vor, und der Gedanke, von den Gegnern ertappt zu werden, während ich die Lippen herauszog, störte mich. Dagegen liebte ich die Möglichkeiten, zu bluffen. Nichts parat zu haben und zu sagen: Ich habe die Karte, die ich dir angedeutet habe – ohne auch nur ein Zeichen gemacht zu haben. Im Süden wie im Norden drückt man dies durch den Dialog aus: «Wo bist du?» – «Da.» – «Immer da?» – «Immer da.» Oder, um des Guten noch mehr zu tun: «Eins darauf.» Oder: «Zwei darunter» – zumal Eins auf Null oder Zwei unter Null immer Null ergeben. In Triest wird das «da» zum «Da des Spruchs» vervollständigt, was besagt, wir sind stets an dem Punkt, den wir dir angedeutet haben. Die Redensart ist über den Gebrauch hinausgegangen, den man im Spiel davon macht, und wird dazu verwendet, mit einer den Pessimismus der Feststellung verhüllenden Ironie zu sagen: Wir sind immerzu am selben Punkt. Vielleicht ist es Willkür, aber für mich scheint dies vortrefflich einen Genius loci auszudrücken, dem jede Neigung, die Haltung des armen Opferlamms einzunehmen, und jede Extravertiertheit fremd ist. Wie bei meinem Onkel beispielsweise, der nur noch wenige Tage zu leben hat und der auf die Frage «Wie geht es dir?» antwortet: «Wie immer. Da, wie im Spruch.»

Die nachfolgenden Tage zu Hause verlaufen so: Ich verbringe Zeit bei Hausarbeiten, beaufsichtige den Heizofen und die Hühner, versuche zu schlafen und versuche wach zu werden ... Ich mache es wie gewisse Vögel, die das Nest zwischen den noch grünen Zweigen eines gefällten Baumes wiederaufbauen.

Ich suche meine Angehörigen auf. Mein Vater ist von

Rührung ergriffen und verbirgt es hinter einem seltsamen Lächeln. Als handelte es sich um eine Augenirritation, sagt er: «Auf einmal treibt es mir die Tränen in die Augen ...» Er ist sanft und verletzlich geworden. Während die Menschen sich im Leben mit der bedrohlichen Zwanglosigkeit von Fernsehdarstellern bewegen, neigt mein Vater eher dazu, das Fernsehen dem gelebten Leben anzugleichen. Die herzliche Gastfreundschaft, die er stets leibhaftigen Menschen vorbehalten hatte, welche zu ihm nach Hause kamen, hat er begonnen, auf die Menschen im Fernsehen auszudehnen. Dann müssen ihm Zweifel gekommen sein, ob diejenigen, die mit solcher Selbstsicherheit sprachen und ihre Plätze einnahmen, bei ihm zu Gast wären und ob das Haus wirklich das seine sei: Eher schienen sie bei sich zu Hause zu sein. Daraufhin hat er angefangen, sich mit ängstlichem Takt zu benehmen. Er bewegt sich im Hause wie jemand, der fürchtet, er könnte stören. Er gibt sich Mühe, gemessen und beinahe unauffällig auf dem Rand seines Sitzes vor dem laufenden Bildschirm zu verharren: Und wenn er Gespräche mit dem Fernseher führt, pflegt er – wie es sich für einen gut erzogenen Menschen gehört – nicht mehr den umgänglichen und ermunternden Ton, der ihm sonst eigen ist, sondern eine gesetzte und lakonische Art. Guten Abend, liebe Fernsehfreunde – sagt ihm eine unter seinen Augen gleichfalls gealterte Dame mit einem etwas vergeistigten Gesichtsausdruck –, und er erwidert leise, mit gesenktem Blick: «Guten Abend». Wir wünschen Ihnen einen vergnüglichen Abend mit unseren Programmen, sagt sie mit blendendem Lächeln, und er murmelt allen Ernstes: Danke. Die Toten, sagt er, seien nicht gar zu weit entrückt, und man sollte so tun, als wären sie nicht tot. Es gäbe einen Ort, sagt er weiter, an dem wir bereits tot und sie noch am Leben seien, und das seien die Träume. Eines Sonntagmorgens komme ich aus meinem Zimmer, während er, alleine, einer Messe im Fernsehen beiwohnt, und bei den

Priesterworten «Gebt einander ein Zeichen des Friedens», sehe ich, wie er sich von einer Seite nach der anderen wendet und sich dann selbst die Hände drückt. Er ist wehrlos und spürt, daß von allem, was den Wettstreit der anderen beseelt, allein Schmerz und Erniedrigung zu erwarten sind. Deshalb weint er, entweder meinetwegen oder wegen der Zeitung oder wegen der Tagesschau, aus der jene Schmerzen hervorquellen und seinen Raum körperlich überfluten, so wie die Menge beim Begräbnis von Mauro Rostagno für ihn aus dem Bildschirm überzufließen und unaufhaltsam das Haus aufzufüllen schien. Viele von denen, die er dort sieht, haben in seinem Haus gewohnt, auch Chicca und Mauro – alles seine Kinder, seine Paladine, seine gefährdeten Schützlinge.

Sie haben mir den Paß zurückgegeben, so daß ich nach Norwegen reisen kann, mit wenigen Monaten Verspätung – einen Sommer weniger. Die skandinavische Weihnacht ist in Rot gefärbt, Tischtücher, Kerzen, Blumen: Weihnachtssterne und Weihnachtsfreuden – das sind die Begonien. Hier fragen sie schon lange nicht mehr nach meiner Justizaffäre. Sie betrachten die Zeitungsausschnitte, schütteln darüber den Kopf und geben trockene Kommentare über die Art und Weise ab, wie Randi auf den Fotografien getroffen ist. Wir gehen in die *hytte* auf dem Fjord. Die milde Temperatur läßt die Eisplatten treiben, auf denen Möwen mit schwarzen Rücken und Eiderenten ruhig entlangziehen. Die Familie der Schwäne erkennt den Ruf wieder und eilt in geschlossener Formation herbei, um Brot und Grüße in Empfang zu nehmen. Wir heizen das Haus, bereiten den Kaffee mit dem Neuschnee, betrachten den perlmuttfarbenen Himmel, der rußig und dann finster wird. Hier ist die Entfernung tatsächlich gelungen. Die Sonne wälzt sich langsam über einen schmalen Horizont, ohne je wirklich aufzusteigen, und das Gewässer ist ein kalter, klarer Spiegel. Die Norweger, wo immer sie sich befinden, verfolgen den Wetterbericht mit der ernsten Aufmerksamkeit, mit der man während des Kriegs Radio London hörte. Diese Vorherrschaft der Geographie über die Geschichte ist beneidenswert. Aber eine feine ältere Antiquitätenhändlerin aus Lillehammer gibt uns einen übertriebenen Rabatt auf ein edles Stück aus Zinn, nachdem wir ihr gesagt haben, wir kämen aus Florenz. «Dort ist das wahre Leben», sagt sie auf Italienisch. Der Rückflug verläuft ganz in den Wolken, und beim Anflug und nach dem Drehen langer Schleifen kommt die Erklärung, daß der Mailänder Flughafen Linate wegen Nebels geschlossen sei und daß wir in Bergamo landen werden. Ich drücke meine Nase an das winzige Fenster und versuche mein Gefängnis ausfindig zu machen. Mir kommen die nach oben gedrehten Köpfe in den Sinn, die dem Vorbeizug der Flugzeuge folgten. Doch es gelingt mir nicht, etwas zu erkennen, obgleich die Maschine weiter über der Stadt kreist. Als es den Anschein hat, *das* könnte es sein – Gebäudeblöcke, Zement, ummauerte Einfriedungen, da, ein Detail, ein Garten, ein Schwimmbassin –, enttäuscht es mich. Außerdem wird es bereits Abend, und die Zellen sind längst verschlossen. Der Flughafen ist zur verkehrstechnischen Notaufnahme untauglich und überfüllt von aufgebrachten Menschen und verlassenem Gepäck: Er hat einen komischen Namen, Orio sul Serio. Auf der Straße nach Mailand erkenne ich die Abzweigung, die zum Bezirksgefängnis in der Via Gleno führt. Ich nehme die Gegenrichtung und werde in wenigen Stunden zu Hause sein.

Alle Geschichten müssen an ein Ende kommen. Diese endet an einem Maiabend des Jahres 1989. Ein Abend, an dem die Pekinger Jugend unter festlichem Jubel den Tien-An-Men-Platz besetzt: Für kurze Zeit noch ist es der chinesische Mai. Für die Aufführung von Bellinis *Die Puritaner* beim Florentiner Maggio Musicale habe ich mir einen Parkettplatz besorgt. Die Bühnenbilder und Kostüme sind diejenigen Giorgio de Chiricos aus dem Jahre 1933, die nach dem damaligen Fiasko nie mehr gezeigt wurden, leuchtende, marzipanfarbene metaphysische Gliederpuppen: Mit den *Puritanern* haben sie nichts zu tun, sind aber köstlich. Bartoletti dirigiert, Chris Merrit singt den Arturo, Luciana Serra die Elvira. Sie singt gut, die Serra, obgleich sie sich kaum bewegt. Merrit hat einen geschwollenen Bauch und eine heisere Kehle. Aber die Musik ist wunderschön, das Publikum ist schön, der Abend ist schön. Am Ausgang werde ich nachdrücklich von einem eleganten, freundlichen Paar begrüßt: Während wir uns die Hände schütteln, versuche ich mich zu entsinnen, wer die beiden sein könnten. «Wie geht's?», fragt er mich. Ich zögere einen Moment – dann sage ich zu ihm: «Man schlägt sich durch.» – «Anders geht's nicht.»

De profundis

In Zeiten des nationalen oder sozialen Aufbruchs war einmal davon die Rede, die Geschichte eines Landes sei auf seinen Gefängnismauern geschrieben. Über unsere Zeit mag man denken, was man will, doch wahr bleibt, daß Zivilisation und Humanität an ihren Gefängnissen zu messen sind.

Das Jahr 1968 sah den Beginn einer Periode, in der das finstere Universum der Gefängnisse und die Gesellschaft draußen – «die elegante Welt des Lichtes und der Farben» – sich berührten und teilweise austauschten. Die Anfänge sind mir in lebhafter Erinnerung geblieben: Ich entsinne mich noch der Erschütterung und der Erregung, die mich ergriff, als ich zum ersten Mal die Stimme von Gefangenen vernommen habe, die Bettücher von den Dächern schwenkten und sagten, daß sie kämpfen wollten. Zurück blieb das Gefühl einer verschämten Entdeckung, weil Menschen mit meiner Erziehung keine Gedanken und Vorstellungen für das Gefängnis übrig hatten, ebensowenig wie für Irrenhäuser und für geschlossene Anstalten überhaupt. Gefängnisse und Irrenhäuser markierten eine Art Grenze, ein vom Alltagsleben wie von den sozialen Auseinandersetzungen abgegrenztes Gehege – einen Ort der Absonderung und mehr noch der lebendig Begrabenen, in dem das Leben, die Zeit und jedwede Veränderung aufgehoben sind. Damals war es gleichsam so, als zeigte man sich am Rande eines Brunnens, dem nahezukommen stets verboten war, und schaute bis zum Punkt der Gewöhnung hinunter, um in der dunklen Tiefe andere zu erkennen, die ihrerseits mit lebhaftem Erstaunen und Erschütterung nach oben blickten.

Binnen weniger Jahre brach dieses turbulente und großmütige Gleichnis in sich zusammen. Die Außenwelt verdrängte die Gefängnisse erneut aus ihrem Gesichtsfeld, und unter denen, die die Gefängnisse bevölkerten, mußten viele wieder lernen, nicht mehr über die äußerste Mauer des Sicherheitsgürtels hinauszublicken. Reformen wurden versprochen und wurden wieder verworfen. Unter der Gefangenenbewegung, die nach politischer Identität und bürgerlicher Anerkennung strebte, häuften sich die Irrtümer und auch die verbrecherischen Akte, die es im Gegenzug leichter machten, wieder zur Verdrängung des Gefängnisses mit seinem Schweif von Ängsten, Vorurteilen und Rassismen zurückzukehren. Das Gefängnis wurde – groteske Wortbildung – zum *supercarcere*, zum Hochsicherheitsgefängnis. Der vormalige Ehrgeiz der «politischen» Gefangenen, die Gesellschaft umzustülpen und sich ihrer zu bemächtigen, wandelte sich aus einem gewissen Überlebenstrieb und einer Rankünе heraus in das Vorhaben, das Gefängnis in Besitz zu nehmen und es nach eigenem Muster zu gestalten. Im Gefängnis mordete man und wurde ermordet. Das war schon immer so, unter Stillschweigen und Wegschauen. Das dunkle Verlies war zu allen Zeiten voller gemarterter Leiber von Menschen, die von ihren Gefängniswärtern oder von ihren Rivalen erschlagen wurden, oder derer, die sich umgebracht hatten, weil sie nicht mehr imstande waren, am Leben zu bleiben. Der verzweifelte und blutige Widerstand der «Politischen» setzte eine eigengesetzliche Gefängnisjustiz in Gang – eine dritte Justiz nach derjenigen des Staates und jener der hierarchisch organisierten Unterwelt –, die gleichermaßen mit Prozessen, Urteilsverkündungen und deren Vollstreckungen wirkte. Eine verhaßte Justiz, aufgrund derer ein Häftling den anderen nicht im eigenen Namen niedermetzelte, sondern «im Namen von ...» – im Namen des italienischen Volkes, des Kodexes der Mafia oder der

Parodie auf die revolutionäre Doppelherrschaft. So vergingen Jahre.

Vielleicht war es eine Torheit, daß wir zuweilen gedacht haben, aus dem Elend der Gefängnisse könnte eine neue Welt entstehen; doch ohne einen Blick zurück, ohne sich in den Augen des Spiegels des Gefängnisses zu betrachten, kann sich auch die Welt derer, die auf freiem Fuße leben, weder erneuern noch bessern.

Wir haben noch keine Gesellschaft ohne Irrenanstalten gesehen. Wir werden auch keine Gesellschaft ohne Gefängnisse zu sehen bekommen. Es fällt schwer, für die Beseitigung des Gefängnisses einzutreten. Als wir es taten, stellten wir uns eine Gesellschaft ohne Klassen vor, ohne Ausbeutung, ohne Ungerechtigkeit und Gewalt – folglich ohne Gefängnisse. Realistisch war der Gedanke nicht, aber er tat wohl. Wir kümmerten uns um das Gefängnis – manchmal auch deshalb, weil wir selbst hinter Gitter kamen –, und unter Berufung auf eine Gesellschaft ohne Schranken erkämpften wir uns das Recht auf einen Gaskocher. Wenn ihr wüßtet, wie wichtig ein Gaskocher im Gefängnis ist. Heute sehen wir ein, daß das Gefängnis weitgehend unvermeidlich ist, und im allgemeinen befassen wir uns wenig mit der Gesellschaft der Zukunft und der Gaskocher.

Dem Gefängnis ist dasselbe wie anderen «totalen» Institutionen widerfahren: Es durchlief eine Periode, in der man es entdeckt, seine Geschichte hinterfragt und seine Beseitigung herbeigewünscht hatte; unterdessen strebte man seine Reform an, um zuletzt wieder dahin zurückzukehren, sich die Gefängnisse als naturgemäße und unabänderliche Orte vorzustellen, sich an ihren Schrecken – wenn nicht Gefallen daran zu finden – wieder zu gewöhnen und den Kopf einfach anderswohin abzuwenden. Was sagt unsere Gesellschaft über das Gefängnis, und was denkt sie wirklich darüber? Sie sagt, es sei ein Ort der Besserung, kein Ort der Züchtigung. Die Idee der Strafe, die der Rache so verwandt ist, war die Nachfolgerin des Talionsystems und der Gesinnung, wonach eine angemessene Sühne den vom Täter angerichteten Schaden und hinterlassenen Schmerz wiedergutmachen müsse. Doch alles, was wir über uns selbst und über unsere Mitmenschen gelernt haben, ließ uns – zumindest verbal – Abschied von einer Vorstellung nehmen, die dem Täter die ganze Schuld zur Last legt und die Gesellschaft davon freispricht. Desgleichen befreiten wir uns von der tröstlichen und doch brutalen Selbsttäuschung, wonach sich das Leid des Täters niemals am Leid des zu entschädigenden Opfers messen lasse. Freilich darf man nicht so weit gehen, daß man den Menschen die Eigenverantwortung abspricht, die ihre Freiheit erst begründet. Wehe der Gesellschaft, die in den Verbrechen und Irrtümern ihrer Mitglieder nicht ihre eigene Ungerechtigkeit und ihren eigenen Vertragsbruch erkennt; doch wehe den Individuen, die im Namen gesellschaftlichen Verschuldens die Verantwortung für ihre eigenen Gedanken und Handlungen abstreiten. Mit der Beseitigung oder der Verminderung der persönlichen Verantwortung ist keine Gesellschaftsidee in Einklang zu bringen.

Also wurde die Devise vom Gefängnis als einer Besserungsanstalt verkündet, einem Ort der Wiederherstellung der Bedingungen, die eine Rückkehr zum normalen gesellschaftlichen Zusammenleben ermöglichen sollen. Der eine oder andere Schritt wurde in diese Richtung auch vollzogen: aber nur wenige, zögerliche Maßnahmen, und den meisten folgten sogleich eilige Rückzüge. Wie jeder weiß, ist das Gefängnis – von wegen Besserung – eine Schule zur Anleitung und zur Meisterschaft des Verbrechens. Die Unbeweglichkeit siegte – wenn es bei Krankenhäusern und Schulen so ist, warum soll es bei Gefängnissen anders sein?

So konserviert das Gefängnis, wie auch jede Insel (und auf Inseln waren die schlimmsten Gefängnisse untergebracht) zäh die Vergangenheit im eigenen Gemäuer und in den Gewohnheiten – eine grausame Archäologie, fern von allen Blicken der Besucher. Der wichtigste Grund für diese bedrückende Unbeweglichkeit ist die nachhaltige und heute vielleicht mehr denn je verbreitete Auffassung vom Gefängnis als einer gerechten Strafe, die je schmerzlicher, nur um so gerechter sei. Auch dieser Standpunkt hält sich nicht an die Grenzen der offiziellen politischen Lager. Da gibt es eine konservative Ordnungsmentalität, die sich aus Berufung wünscht, daß es dem Nächsten schlecht ergehe, und in diesem Wunsch, ihn im Gefängnis, möglichst dem brutalsten zu wissen, findet sie die Legitimation für die eigene Bösartigkeit. Dann gibt es eine linke, ebenfalls eine Ordnungsmentalität, die sich vom starken Staat, von Polizei und Gefängnissen genährt hat und die die Gefängnisbauten mit dem Eifer eines freiwilligen Aufsehers umkreist. Schließlich gibt es noch eine andere Mentalität, die fest auf freiheitlichen, antiautoritären Überzeugungen beruht und jedes Gefängnis verabscheut, vor der Aussicht aber, daß die Reichen und Ellbogenmenschen in den Gefängnissen landen könnten, die eigenen Prinzipien zu vergessen scheint. Dem fröhlichen Spektakel einer entmachteten und verhöhnten Arroganz kann man sich nur schwer entziehen. Es ist der kurzsichtige Fehler aller einstmals phantasierten schönen Gesellschaftsträume, daß sich die Mächtigen, die Unterdrücker und Gecken von Jahrzehnten, im Verlauf einer Stunde in arme, machtlose oder demütige Teufel verwandeln könnten, und die Lehrlinge einer neuen Welt in die Aufseher und Zuschauer bei der Ausplünderung anderer. Vielleicht ist dies eine Schutzhaltung vor der Frustration durch eine Gesellschaft, die keine Träume mehr hat und sich mit dem Beifall darüber zufrieden gibt, daß die feudale Vorherrschaft von Parteimännern und Ministern in einen

Despotismus der Richter – mehr als der Gesetze – übergeht.

Es fällt schwer, ein paar einfache Wahrheiten zuzugeben und die Konsequenzen daraus zu ziehen. *Die Erste:* Das Gefängnis, der Gewahrsam, die Haft, wurden an einem bestimmten Punkt der Menschheitsgeschichte erfunden und sind keineswegs die einzige, geschweige denn die geeignetste Art und Weise, um Gesetzesüberschreitungen zu begegnen. *Die Zweite:* Bis heute wurde noch keine andere Methode erfunden, um die Gesellschaft vor Personen zu schützen, die ihr gegenüber eine bedrohliche Haltung einnehmen; folglich bleibt das Gefängnis bedauerlicherweise notwendig, doch nicht des schönen oder scheinheiligen Märchens von der Besserung wegen, sondern aufgrund der bedrohlichen Realität einer aktiven, organisierten und hochgerüsteten Kriminalität. *Die Dritte:* Wenn das Gefängnis seine traurige Rechtfertigung nicht aus der Notwendigkeit bezieht, die Ausführung neuer Verbrechen zu verhindern oder zu behindern, dann ist es überflüssig, unter dem Gesichtspunkt sozialer Sicherheit sogar schädlich und aus moralischer Sicht erniedrigend und grausam. Schwer, diese wenigen klaren Dinge zuzugeben und daraus die Konsequenzen zu ziehen.

In allen liberalen Ländern wird in diesen Jahren viel über die fortschreitende Ersetzung des Gefängnisses durch alternative Strafmaßnahmen diskutiert. Mehr als anderswo wurden in Italien die Ernsthaftigkeit oder die Sachlichkeit, mit der man das Augenmerk auf dieses Problem lenkte, sowohl durch konträre Wellen öffentlicher Emotionen als auch durch die Demagogie beschädigt, mit der ein fragiler, korrupter und bequemen Übereinkommen gegenüber gefügiger politischer und kommunikativer Machtapparat darauf reagierte. So kam es oftmals zur Farce, wie im Falle der Begnadigung des ehemaligen Rotbrigadisten Renato Curcio. Dieses berauschte Schwanken des öffentlichen Gemüts vor unduldsamen Scharfmachern trägt einen Namen gleichsam wie einen Fluch: Gozzini. Der ehemalige Senator Mario Gozzini, katholisch und über die Liste der unabhängigen Linken gewählt, ein rechtschaffener und gewissenhafter Mann, war der Urheber und – neben anderen – der Unterzeichner einer neuen Gesetzgebung für den Strafvollzug, die ihm am Ende persönlich angelastet wurde, so wenig er sich schuldig gemacht hatte. In der überwiegenden Mehrzahl der Fälle nämlich hatten die tatsächlichen oder vermeintlichen strafrechtlichen Pannen der letzten Jahre mit der *Legge Gozzini* gar nichts zu tun: Die Vorwürfe waren von Ignoranz, Leichtsinn und Unlauterkeit geprägt. Die übrigen, anders gelagerten Fälle beruhten zum guten Teil auf falschen oder einseitigen Anhaltspunkten. Mit seltener Klarheit hat der Wille zum Angriff und zur Schuldzuweisung gezeigt, wie man die Wahrheit der Tatsachen und die Verläßlichkeit der Analysen zu verdrehen weiß: Die *Legge Gozzini* ist geradewegs zum Fluch aus unterschiedlichsten Mündern geworden, und ihr Mitverfasser, ein ebenso milder wie gestrenger Mann, zu einer Art Paten der Verbrecher. Es half nichts, daß sich Gozzini bei der Erläuterung alternativer Strafmaßnahmen im Falle der Häupter des organisierten Verbrechens persönlich für die Zwangsarbeit anstelle einer Prestigehaft stark machte. Eine einzige Gesetzgebung nur wurde heftiger und törichter noch verleumdet: jenes Gesetz Nr. 180, das die Irrenanstalten geschlossen hatte. Es trägt ebenfalls einen Eigennamen, und zwar einen besonders ehrbaren: Franco Basaglia. Ein eiserner Ring verkettet beide Situationen: die Irrenanstalt für Kriminelle.

In Wirklichkeit hat die Zahl der Inhaftierten in Italien in der letzten Zeit im uferlosen Maße zugenommen. Die

Innen- und Justizminister präsentierten diese alarmierende Zahl häufig als einen Erfolg der Verbrechensbekämpfung – ein Erfolg mit bitterem Beigeschmack. Was ist die Wahrheit? Der zahlenmäßige Neuandrang derer, die die Gefängnisse füllen und darin ersticken, setzt sich zum guten Teil aus Personen zusammen, die aufgrund von Drogengesetzen und mit Drogen verbundenen Handlungen eingesperrt wurden; und welche Überzeugung oder Absicht sie ursprünglich auch angetrieben haben mag, für ihre Opfer haben diese sich als verhängnisvoll erwiesen, und für die Geißel, aus der sie sich erklärtermaßen befreien wollten, sind sie zum Spott geworden. Zu einem anderen Teil setzt sich die Gefängnisbevölkerung aus Personen zusammen, die aufgrund des Verdachts der Zugehörigkeit zum organisierten Verbrechen inhaftiert wurden, weil sie Mafiaverbrechen entweder begangen haben oder bereit gewesen sein sollen, solche zu verüben. In beiden Fällen nimmt das Gefängnis – gewiß mit ganz unterschiedlichem Gewicht – den Platz von etwas anderem ein: einer größeren Kapazität an öffentlichen und privaten Einrichtungen für die Vorbeugung, Fürsorge und Resozialisierung im Falle der Drogenabhängigkeit; und einer größeren Kapazität an polizeilicher Kontrolle über das Land, an richterlicher Ermittlungs- und Sanktionsgewalt bei der Verbrechensbekämpfung im Falle der organisierten Kriminalität. Beide Male ist das Gefängnis der falsche Ort. Für solche Gefolgsleute des organisierten Verbrechens, die noch kein Urteil ereilt hat, ist die Haft oftmals eine polizeiliche und vorbeugende Ersatzmaßnahme. Auch wer diese Notlösung der Haft zur Verringerung der Gefahr des organisierten Verbrechens für gut hält, darf nicht die daraus entstehenden Konsequenzen für die Gefängnisse übersehen. Das Anschwellen der Gefängnisbevölkerung läßt dagegen die Strafvollzugsanstalten als Maßnahme für Drogenabhängige doppelt absurd und grausam werden. Außerdem ist dies der leichteste Weg, um eine erschreckende Zahl von Einwanderern aus Ländern außerhalb der EU in die Gefängnisse zu bringen. Und doppelt absurd ist auch das erbarmungslose und gedankenlose Beharren auf der Fortdauer der Haft für Personen, die in den Jahren zwischen 1970 und 1980 politisch motivierte Delikte begangen haben.

Man muß natürlich ohne Einschränkung voraussetzen, daß das Gefängnis nur dann akzeptabel ist, wenn es dazu dient, den Personen die Freiheit zu entziehen, die schwerwiegende Delikte begangen haben und sie auch weiterhin zu begehen drohen. So einfach und vernünftig, wie diese Überzeugung ist, begegnen ihr doch tausend Einwände. Die einen werden sagen: Wo soll die Rechtssicherheit hinkommen, deren Bestandteil die Strafgewißheit ist? Was für ein Beispiel wird davon auf das lange und begierige Gefolge von Anwärtern der Kriminalität ausgehen? Andere werden einwenden: Wo sollen die Empfindungen der Opfer bleiben? Und was ist mit der Idee von der Besserung des Verurteilten durch das Gefängnis? Über diese expliziten Fragen hinaus, werden dann im Empfinden vieler – und vielleicht aller – tiefe und verschwommene Gefühle von Angst vor dem Unrecht und vor dem Unbekannten erweckt.

Die Besserung – es gibt sie wirklich. In der Tat fördert das Gefängnis sie zuweilen, *trotz* seiner selbst, trotz des Mangels oder des Überflusses an einfältigen, entmutigenden Programmen – allein dank dem Schrecken, der Dreistigkeit, der Absurdität, dem Leid, der Schmach, der Verzweiflung, die es systematisch zufügt: In Wahrheit sind die Gefangenen die einzigen Besserer ihrer selbst, *wenn* sie die Kraft dazu aufbringen, *wenn* sie die Kraft schon in sich selbst vorfinden. Diese «Besserung» betrifft sie allein, die Seele eines jeden. Die Gesellschaft – feierliches, gar zu oft mißbrauchtes Wort – und ihre Beauftragten haben in Wirklichkeit nur ein einziges Recht, nämlich zu erkennen, ob ein Gefangener noch eine tatsächliche Bedrohung für seinen Mitmenschen darstellt oder nicht. Seid ihr bereit, diese Einsicht uneingeschränkt anzunehmen? Seid ihr bereit, einzuräumen, daß nur der Kleinmut der Beamten beispielsweise verkennt, daß die «politischen» Strafgefangenen jedweder Couleur der siebziger und achtziger Jahre – von wenigen zur Schau gestellten Ausnahmen abgesehen –, sobald sie einmal frei wären, für die Gesellschaft eine geringere Gefahr darstellen würden als die, die jeder unbescholtene Biedermann in sich selbst herumträgt.

Was ist mit der hervorgerufenen Beleidigung der Gefühle von Opferangehörigen? Diesem Argument gegenüber gibt sich die politische Welt (darunter verstehe ich die Parteien und die Massenmedien, denn die Abhängigkeit von Wahlergebnissen, von Umfragen, von der *audience* und von Auflagenhöhen führt hier zu ähnlichen Wirkungen) ungewöhnlich feinfühlig. Gewiß verdienen die Meinungen und Gefühle der unmittelbar Betroffenen den höchsten Respekt und die aufmerksamste Sensibilität: Tatsache aber bleibt, daß die politische Welt mit diesen Tugenden am wenigsten ausgestattet ist. In den direkten Berührungen mit den Familienangehörigen von Opfern erweisen sich die staatlichen Autoritäten häufiger als unaufmerksam, unduldsam oder sogar als zynisch. Was zählt, ist die Schau und das größtmögliche Publikum, das von den Gefühlen der Opfer bewegt wird und sich darin wiedererkennt. Die Empfindungen der Verwandten von Opfern – für Gerechtigkeit und auch für Vergeltung, was, zusammengenommen, den rohesten Grad von Rechtspflege als auch ihres Gegenteils ausmacht – müssen durch das Gesetz eine aufrichtige, keine scheinheilige Achtung finden; aber sie sind nicht das Gesetz und auch nicht die Quelle seiner Inspirationen. Allein oder in Gemeinschaft sind die Opferangehörigen während dieser Jahre Protagonisten von beispielhaften Kundgebungen des Muts, der Entsagung, der Wahrheitssuche und des Takts gewesen. Wenn sie einen Wunsch nach Bestrafung, den Anspruch auf ein härteres Gefängnis erheben und an das Gefängnis als einen Ort der Vergeltung denken, dann haben sie Unrecht – das menschlichste aller Unrechte, aber doch ein Unrecht. Wer sich daraus ein Alibi zur Rechtfertigung der Trübseligkeit des Gefängnisses und der Unbeweglichkeit in der Frage von dessen Rolle schmiedet, der hat ebenfalls Unrecht – das unehrlichste aller Unrechte.

Stellt euch achtzehn Jahre hinter Gittern vor; stellt euch auch nur achtzehn Tage hinter Gittern vor. Während des sogenannten «Notstands» wurden die Jahre und die Jahrzehnte verhängt, ohne mit der Wimper zu zucken, und mit bloßem Achselzucken wurden sie hingenommen. Ein Vielfaches an Höchststrafen täglich, Angeklagte ohne Verteidigung, en gros verhandelte Beweise, Vergötterung von «Reuigen»; ganze Jahrhunderte wurden verhängt wegen moralischer Beihilfe, wegen Verherrlichung von Verbrechen, wegen Beleidigung, wegen Straftaten «hinter Gittern» ... Längst ist das Schauspiel beendet, doch einige Akteure sind noch immer eingesperrt. Wenn sie können, dann sind sie heute mit Hilfeleistungen für Kranke, Alte und Behinderte befaßt, betreiben Schulen für Einwanderer, helfen Drogenabhängigen ... Warum sind diese Menschen weiterhin im Gefängnis? Sie haben sich mit blutigen Straftaten befleckt ... Manchmal auch das nicht. Wer aber glaubt, dies sei wirklich der Punkt? Wenn sie damals entschlossen waren, das Leben anderer und ihr eigenes aufs Spiel zu setzen: Wer glaubt dann an einen moralischen Unterschied zwischen denen, die persönlich agierten, und jenen, die zufällig nicht dabei waren? Schwer wie ein Felsbrocken wiegt gegen dieses vordergründige Argument die Leichtigkeit, mit der Schuldige, die gleich mehrerer Morde überführt worden sind, im Austausch für Denunziationen freigelassen wurden. Wenn sie wollen, haben die Institutionen einen kräftigen Magen.

Und jene, die einem geordneten Leben in einem anderen Land, in Paris oder anderswo nachgehen – mit dem einzigen Unterschied, daß sie nicht in ihr Land und zu ihren Lieben zurückkehren können: Was für einen Sinn hat ihr andauerndes Fernbleiben?

Seit den siebziger Jahren durchliefen ungefähr sechstausend «politische» Häftlinge die italienischen Gefängnisse. Insgesamt sind noch immer 276 Personen inhaftiert. (Ist das wenig? In der erstürmten Bastille waren es gerade mal ein Dutzend.) Ihr Durchschnittsalter liegt bei vierzig Jahren. Einige von ihnen wollten – oder konnten – seinerzeit nicht in den Genuß des Gesetzes über die «Loslösung» kommen. Im Parlament steht für sie eine Vorlage an: kein Strafnachlaß, sondern ein Ausgleich für das Übermaß an Strafe aus der Zeit der Notstandsmaßnahmen und der unbeweglichen oder rachsüchtigen Härte ihrer Anwendung. Die lebenslänglichen Gefängnisstrafen sollen auf 21 Jahre begrenzt, die Strafmaße von über 10 Jahren um die Hälfte herabgesetzt werden. Unter den 276 Gefangenen sind 50 Frauen: eine beeindruckende Zahl, wenn man bedenkt, daß der Anteil der Frauen an der Gesamtzahl der Inhaftierten bei 4 Prozent liegt. 200 Gefangene haben bereits mehr als 10 Jahre Haft verbüßt. Die Hälfte von ihnen kommt in den Genuß alternativer Strafmaßnahmen: der sogenannten «Halbfreiheit» des offenen Strafvollzugs (80), der Arbeitsmöglichkeiten außerhalb des Gefängnisses (35) und der «Prämien», das heißt der Erlaubnis, einen oder mehrere Tage nach Hause gehen zu dürfen (20).

Tiziana Maiolo, eine Parlamentsabgeordnete, ist die Verfasserin einer Gesetzesvorlage für die Auslandsflüchtigen:

Bedingte Freiheit für den, der sich einem Urteil von unter 5 Jahren beugt, alternative Strafvollzugsmaßnahmen für die zu längeren Haftstrafen Verurteilten, Hausarrest anstelle der Gefängnisstrafen von über 10 Jahren. Lösungen, die bei weitem deutlicher und unpopulärer sind, wurden ebenfalls vorgeschlagen, nicht zuletzt die Amnestie, die aufgrund der verflossenen Zeit zunehmend als die vernünftigste erscheint.

Die Häftlinge im offenen Strafvollzug sind durchweg in der Sozialarbeit tätig – «vielleicht deswegen, weil sich die Extreme berühren, vielleicht aber auch, weil es heute schon extremistisch ist, Zigeunern Hilfe zu leisten oder einem Obdachlosen eine Unterkunft zu geben», sagt dazu Monsignore Di Liegro von der römischen Caritas.

Auf dem Videoclip von Baccini sieht man Renato Curcio in seiner Zelle auf und ab gehen, ohne sich umzuwenden: Sobald er die Wand erreicht, läuft er rückwärts in die Gegenrichtung. Wer weiß, warum. Vielleicht ist es ein *Replay*, eine Aufhebung der Zeit: Jedes Mal ein neuer Anlauf zum Gehen, eine Unterbrechung und dann, nach den ersten sechs Schritten, wieder von vorn, weil es ihm nicht gelang, über die Zellenwand hinaus zu gehen. Jetzt ging es.

Stricken auf einem Schaukelstuhl, Dröseln und Aufdröseln. Uns Männern fällt es schwer, hinzunehmen, daß man zum Ausgangspunkt zurückkehrt und nochmals von vorne beginnt. Besser zu laufen, anstatt irgendwohin zu gehen. Im Gefängnis geht man nirgendwohin. Man läuft nicht: Man macht eine Bewegung, eine Bewegung ohne Raum, eine andauernde und abstrakte Bewegung, eine Gymnastik in Erwartung des Tages, an dem man wieder zu laufen beginnt, um in Freiheit hierhin oder dorthin zu gehen oder hier oder dort zu bleiben. Das Gefängnis ist eine Welt der

Wiederholung, der Attrappe – ein Platz für alleinstehende Männer mit einer etwas femininen Existenz; ein Ort des Wartens und der vorgetäuschten Geduld, des Machens, Auftrennens und Wiederbeginnens, der suspendierten Zeit: Das Gefängnis ist ein Theater, und wie im Theater altert man sogar mit Maske und Schminke.

Der Gefangene wartet immer auf eine Nachricht. Nur deshalb ist er wie ein Firmenmanager von der Uhr besessen. Es kann vorkommen, daß der Gefangene ein Firmenmanager ist. Francesco Paolo Mattioli, *die Nummer drei* von FIAT: «Ein Peruaner hat mir am ersten Morgen den Kaffee aufgebrüht; ich hatte keine Uhr, sie fehlt mir, und er schenkte mir seine ... Auch in materieller Hinsicht werde ich die Menschen nicht vergessen, die mir hier begegnet sind.» (Schade, dieser materialistische Tick: Geben und Schweigen. Der Peruaner wird vielleicht an Charlie Chaplin und den Millionär denken.)

Es gibt eine Gefängniskrankheit. Wenigen ist bekannt, daß das Gefängnis, die abgeschlossene, verstümmelte Welt getrennter Geschlechter, ohne Kinder und Greise, ein vollständiges, komplexes Universum umfängt. Man verläßt das Gefängnis mit einem undeutlichen Schmerz, man gedenkt seiner in trauriger Erinnerung und mit einem Gefühl der Schuld. Wer in das Gefängnis kommt und von dessen Infektion befallen wird, der wird bemerken, daß die Unterscheidung von Unschuldigen und Schuldigen samt den verschiedenen Gründen, die Menschen zu Gefangenen machen, zunehmend weniger zählen. Der Augenblick, in dem man ins Gefängnis kommt, ist stets schrecklich; schmerzlich aber ist der Tag, an dem man es verläßt. Es ist nicht leicht, sich auf diejenigen zu besinnen, die einen draußen erwarten, weil man mit den Gedanken bei denjenigen ist, die man als Gefangene zurückläßt. Das Gefängnis verläßt man mit dem Blick nach hinten gewandt.

Pino Costa, ein zweiundvierzigjähriger Radiotechniker, wurde am 13. März 1993 aus dem Gefängnis von Cagliari freigelassen, nachdem er wegen Mordes bereits rechtskräftig verurteilt war (nach zwei Instanzen und der Bestätigung durch das Kassationsgericht). Seit drei Jahren galt er für die Justiz als Mörder, seit vier Monaten war er in der verrufenen Strafanstalt von Buoncammino eingesperrt. Stets hatte er seine Unschuld beteuert, und er war auch unschuldig: Der wirkliche Mörder, ein junger Drogenabhängiger, ertrug schließlich nicht mehr das Wissen, daß an seiner Stelle ein anderer im Gefängnis saß, und bekannte öffentlich seine Tat. Auf Costa warteten draußen seine alte Mutter und sein junger Sohn. Den Fernsehleuten und Journalisten, die ihn vor dem Gefängnisportal erwarteten, sagte er kein Wort über die Ungeheuerlichkeit seines Loses. Mit gebrochener Stimme sprach er statt dessen von den Schrecken des Gefängnisses, über die Luftschächte an Stelle der Fenster, über die vielen, die als Unschuldige durch diese Hölle gehen, und all jene, die darunter zu unschuldigen Opfern wurden. Am Ende seiner Rede erhob Costa seinen Arm nach hinten, und mit trauriger Stimme rief er den Zurückgebliebenen ein «Ciao» zu. So geht man aus dem Gefängnis.

Am nächsten Tag habe ich die Zeitungen nach den Interviews mit Costa durchgesehen. «Im Gefängnis kam der Moment, daß ich sogar aufgehört habe, es zu benutzen – das Wort ‹unschuldig›. Meine Mithäftlinge haben mir beigebracht, daß es nichts nutzt, wenn man um sich selbst weint.» – «Aber glaubst du nicht, daß hier noch andere Leute sind, denen es wie dir ergeht? Du kannst von Glück sagen: Du bist ohne Vorstrafen; bei dir werden es vier, fünf Jahre sein; andere werden dort drinnen verfaulen ...» – «Wo ich jetzt draußen bin, will ich sie nicht vergessen ... Man sagt, dies sei ein Ort der Gewalt und der Verzweiflung. Ich möchte mal sehen, wie das anders werden soll, wenn sie dich dazu zwingen, gemeinsam zu siebt in einer Zelle von 15 Quadratmetern für 21 Stunden am Tag zu leben ... Aber die Solidarität und den Respekt, die ich gefunden habe ... Anfangs habe ich mich etwas gehen lassen: Oft habe ich sogar auf den Hofgang verzichtet, nur um etwas alleine mit mir selbst zu sein; außerdem erinnerte mich der Hof allzusehr an die Freiheit. Es waren die Kameraden, die mich wachgerüttelt haben ... Manchmal kommentierten wir alle gemeinsam die Fernsehnachrichten. Ich entsinne mich noch des Aufschreis, als die Nachricht vom Dekret über *Tangentopoli* kam; es gibt Leute, die wegen eines Handtaschendiebstahls einsitzen, doch geht ein Politiker auf Raubzüge, dann genügt es, daß er das Geld zurückerstattet, um weiterhin in Ruhe und Frieden in seinen vier Wänden zu leben ... Nein, ich habe kein Vertrauen, kein Vertrauen in die Justiz, nicht einmal jetzt, wo sie mich freigelassen haben. Und vergessen will ich auch nicht ... Auch muß der Skandal des ‹Lagers› Buoncammino endlich aufhören. Wenn meine Geschichte wenigstens dazu diente, die Schließung zu beschleunigen.» (Aus der Zeitung «L'Unità», vom 14. März 1993.)

Es gibt Menschen von höchster, erlesener Kultur und tiefgründiger demokratischer Gesinnung, die derart wenig über das Gefängnis wissen, daß sie es wie ein unabänderliches Naturgesetz betrachten und sich neben der Bestrafung keine andere Auffassung für das Ahnden von Missetaten und keine andere Form der Strafe als den Gewahrsam vorstellen können. Diese Menschen betrachten die Diskussion über die – in sehr vielen Fällen gegebene – Möglichkeit einer Vermeidung des Gefängnisses als ungeheuerliche Naivität oder als unverantwortliche Gefährdung. Sie haben keine wirkliche Vorstellung davon, daß in Ländern, die sich als zivil verstehen und unter Menschen, die ihre Kompetenz auf theoretischem Weg und durch Erfahrung in

Ämtern erworben haben, schon seit geraumer Zeit die Diskussion über das Recht und über die Vorbeugung und Bestrafung von Verbrechen – ihre Überflüssigkeit, die Kostspieligkeit, die materielle Widrigkeit und der seelische Schaden, den eine Gefängnisstrafe in einer großen Zahl der Fälle mit sich bringt – in den Mittelpunkt der Aufmerksamkeit gestellt wurde.

Die maximale Aufnahmefähigkeit der italienischen Gefängnisse liegt erklärtermaßen bei 29 544 Plätzen. Zwischen Anfang 1991 und Ende 1992 ist die Zahl der Inhaftierten von 25 000 auf 49 000 gestiegen! Im Frühjahr 1993 wurde die Zahl von 50 000 überschritten.

In jedem Jahr durchlaufen nicht weniger als 200 000 Personen – Unschuldige wie Schuldige – die italienischen Gefängnisse. Gleichwohl liegt die Inhaftierungsrate noch bei den niedrigsten in Europa: 56 auf 100 000, gegenüber 96 bei den Engländern, 83 bei den Deutschen, 78 bei den Franzosen. Bei uns verbüßen jedoch mehr als 70 Prozent der Gefangenen eine Strafe von unter einem Jahr. Der vernünftigste Weg der Gewährung von Straffreiheit würde die Zahl der Prozesse schon um 40 Prozent vermindern. Abgesehen von einer anderen Absurdität: «Die Besorgnis um die Sicherheit der Haftanstalten verwandelt das Gefängnis in eine Festung und führt dazu, einen großen prozentualen Anteil von Häftlingen in einer Weise zu behandeln, die weder der Gefährlichkeit noch der Schwere ihrer Handlungen angemessen ist.» Der Brauch, «Angeklagte und Verurteilte unterschiedslos in ein und dasselbe Loch zu stecken, weil das Gefängnis für den Schuldigen mehr eine Tortur als ein Gewahrsam ist» (so Cesare Beccaria im Jahre 1764), begünstigt die Entstehung einer Gefängnishierarchie, die dem Vorbild des organisierten Verbrechens folgt und es widerspiegelt; und dies erfordert wiederum gepanzerte, rückständige und kostspielige Gefängnisse.

Die Zahl der aus Ländern außerhalb der EU stammenden Häftlinge liegt Anfang 1993 bei 7500. Im römischen Gefängnis Rebibbia nimmt ihr Gesamtanteil 30 Prozent ein. Die Zahl der Drogenabhängigen liegt bei 15000 und ist mit Kosten verbunden, die an die Milliarden kommen; die Zahl der an AIDS Erkrankten liegt bei 4000.

Die Beschränkung des sogenannten *Gozzini-Gesetzes* (um die freimütigen Worte von Gozzini selbst zu benutzen, die *Liquidation* des Gesetzes), vor allem durch das Scotti-Martelli-Gesetz vom Juni 1992, dessen Auswirkungen sich offiziell auf die Mafiakriminalität beschränken sollten, hat in Wirklichkeit unterschiedslos alle Gefängnisinsassen getroffen. Im Laufe des Jahres 1992 ging die Bewilligung von Hafterleichterungen und Maßnahmen des offenen Strafvollzugs um 40 Prozent zurück. Gegenüber der Verdoppelung der Gefängnisbevölkerung ist weder das Fassungsvermögen der Anstalten noch die Zahl (und die Qualität) des Anstaltspersonals auch nur um einen Deut gestiegen: 30000 Strafvollzugsbeamte, von denen ein Drittel mit Verwaltungsaufgaben betraut sind. Von der Verkürzung der Ruhezeiten und der Verringerung der Sondergenehmigungen sind Wärter und Häftlinge übrigens gleichermaßen betroffen.

Zwischen 1991 und 1992 sind die amtlich bestätigten Akte der Selbstverstümmelung von 2162 auf 4385 angestiegen; die Selbstmordversuche von 365 auf 581; die körperlichen Angriffe und gegenseitig zugefügten Verletzungen von 74 auf 1142; die Protesthandlungen (im wesentlichen Hungerstreikaktionen) von 2171 auf 14837.

Niccolò Amato, im Justizministerium für die Gefängnisse zuständig, sagt dazu: «Der Skandal sind nicht die Gefängnisse. Der Skandal ist der, daß man sich über die Zustände empört, ohne etwas dagegen zu tun ... In den Gefängnissen der Großstädte haben wir annähernd 70 Prozent Rauschgiftsüchtige ... Es fehlen sogar die Geldmittel für Heizöl, so daß wir zu Weihnachten einige Gefängnisse ungeheizt lassen mußten ... Die Strafmaßnahmen müssen vom Gefängnissystem weitgehend losgelöst werden ... Das Einsperren von Menschen in die Gefängnisse ist häufig nicht die Lösung des Problems, sondern das Problem selbst, das zu lösen ist ... Von den durch Gozzini erwirkten Vergünstigungen sind in der Tat fast alle Strafgefangenen ausgeschlossen worden. Das ist nicht richtig. Man muß den Häftlingen die Hoffnung wiedergeben. Wenn wir sie ihnen nehmen, dann wird unser Gefängnissystem wieder an den Punkt zurückkehren, an dem es einzig und allein ein Ort der Verzweiflung und der Gewalt ist.» (März 1993.)

Dennoch sind der Verlautbarung des Innenministers Mancino zufolge (vom Februar 1993) die Tötungsfälle im Jahr 1992 (gegenüber 1991) um 20 Prozent zurückgegangen; in Sizilien, Kalabrien, Kampanien und in der Basilikata um 22 Prozent. Die Gesamtzahl der Straftaten ist in Italien um 9 Prozent gesunken.

Nach einer neuen und noch heftigeren Welle von Hungerstreiks in den größten Gefängnissen, hat Minister Conso Anfang April 1993 eine Reihe von Maßnahmen verfügt (Hausarreste, Wiedereinführung der Bestimmungen nach Gozzini, Gewährung von Straffreiheiten), die ausdrücklich mit der Notwendigkeit begründet wurden, die Überfüllung zu drosseln. Neben diesen durchweg begrüßenswerten Maßnahmen – sofern sie ihr Ziel erreichen – wurden noch andere erwogen, die alarmierend für nichteuropäische Ausländer sind, die in die Fänge der Justiz geraten.

In Holland ist man versuchsweise bei einem «Wartesystem» angelangt, das die Verurteilten «nur im Maße der vom Gefängnissystem von Mal zu Mal gebotenen Verfügbarkeit» (!) in Strafhaft nimmt. Solch einen Mechanismus zu regeln, hat sich als schwieriger noch als das zu lösende Problem selbst erwiesen.

Einer falschen Polarisierung von «Entkriminalisierern» und «Gefängnisreformierern» steht die Wirklichkeit unveränderter, unmenschlicher, überquellender Gefängnisse gegenüber. Generell sind in den letzten Jahren – einer offenen Schere gleich – sowohl die Debatten über Haftersatzmaßnahmen als auch die Zahl der Häftlinge stark angestiegen. In Großbritannien ist die Quote der Gefängnisbevölkerung auf 100 000 Einwohner von 75 im Jahre 1980 auf 96 im Jahre 1985 gestiegen – mit fortschreitender Tendenz. Aussagekräftiger noch ist eine andere Erhebung britischer Wissenschaftler: Für je 1 000 Jugendliche, die dem Heer der Arbeitslosen zugeführt werden, registriert der Anteil der Jugendlichen unter den Gefängnisinsassen eine Zunahme von 23 Einheiten. «Das Gefängnis erfüllt offenbar folgende Funktionen: Asyl für Obdachlose, *nursery* für alleinstehende Mütter, Gruppentherapie für Rauschgiftsüchtige, Krankenambulanz für die Armen, Berufsschule für Steuerhinterzieher und Schuldner.» (V. Ruggiero, *Decarcerizzazione e ricarcerizzazione*, in der Fachzeitschrift: «Dei delitti e delle pene», Nr. 1, 1991.)

Im Juli 1992 traten die aidskranken Häftlinge von Rebibbia und anderswo in einen Hungerstreik! Entscheidungen über die Haftentlassung von Aidskranken wurden zwar mehrfach angekündigt, blieben tatsächlich aber aus. Statt dessen erlebten wir einen unsäglichen Disput über die zur Freilassung notwendige Anzahl von Lymphozyten; Einwände aufgrund vermeintlicher Verfassungswidrigkeit von seiten einiger Richter, weil die freigelassenen Kranken erneut Verbrechen begehen könnten, die ungesühnt blieben; aktive oder passive Boykotte durch lokale Gesundheitsämter und Hospitäler.

Ein freigelassener Aidskranker: «Hin und wieder sage ich mir, daß es mir drinnen womöglich besser ging. Dann hadere ich mit mir selbst. Wäre ich im Gefängnis geblieben, dann stünde ich nicht hier in der Sonne, an der frischen Luft zum Plaudern und zum Betrachten der Blumen. Verzweifelt und krank unter einer Brücke zu sterben, ist besser als verzweifelt und krank im Knast zu sterben. Die Brücke suche ich mir selbst aus.» («La Stampa», November 1992.)

Remo Urani, verantwortlicher Leiter des Gesundheitsdienstes für die Turiner Haftanstalten: «Für sie war das Gefängnis besser. Dieses Dekret spricht den Staat von seiner Verantwortung frei. In Anbetracht der Infektionsgefahr ist die Pflege eines Aidskranken für das Gefängnis eine schwere Aufgabe. Es ist schon besser, wenn man frei ist, wenigstens zum Sterben. Aber man darf Mitbürger nicht einfach irgendwo abladen ... Es bedarf irgendwelcher Strukturen oder finanzieller Beihilfen. Zynisch ausgedrückt, würde es sich für den Staat ja keineswegs um eine langfristige Verbindlichkeit handeln.»

Professor Francesco Ceraudo, Präsident der Gefängnisärzteschaft und Direktor des Pisaner Zentralklinikums Don Bosco, verriet nach einer Zusammenkunft im November 1992 die Erwiderung der Verantwortlichen im Ministerium auf die Proteste gegen die unhaltbare Überfüllung: «Noch vor Weihnachten werden sieben oder achttausend Drogenabhängige freigelassen. Das Gesetz wird geändert, und die Lage in den Gefängnissen wird sich entspannen ... Die Angehörigen der Mafia können wir nicht freilassen. Das soll heißen, daß die Drogenabhängigen freikommen werden.» (R. Martinelli in der Zeitung «La Stampa».) Der Anteil der Gefangenen, die nur wegen Drogenkonsums inhaftiert sind, beträgt sieben bis acht Prozent. Dies beweist die Heuchelei der Diskussion um das Rauschmittelgesetz: Die Freilassung der Drogenabhängigen aus dem Gefängnis bedeutet doch nichts anderes, als minder schwere Vergehen zu entkriminalisieren und Hilfsquellen und Strukturen außerhalb anzubieten. Angesichts des Starrsinns, mit dem anderseits die Strafrechtsreformen ausgehöhlt und verworfen werden, zeigt sich die Heuchelei gleich zweifach.

(Überdies werden wir erkennen, wie bestimmte Arten der Unterbringung und der Versorgung von Drogensüchtigen das Gefängnis und die Irrenanstalt mit all ihrer Gewalt, der Hierarchie und – allem voran – der Entbindung von Verantwortlichkeit aufs genaueste kopieren. Das ist gleichsam so, als wollte der Antrieb, zu überwachen, zu züchtigen, zu belohnen und zu pflegen, mit der Kraft einer Naturgewalt das Gefängnis und die Irrenanstalt immer wieder von neuem erfinden. Dies geschieht oftmals unfreiwillig und fast immer unwissentlich. Als der Skandal um die «Schlachterei» von San Patrignano ans Licht kam, da wußte man längst, daß gegen diejenigen, die sich nicht an die Regeln hielten, zur Strafe oder zur Besserung Schläge mit der elektrischen Pistole verabreicht wurden, wie sie sonst den Schweinen vorbehalten sind. Ich erinnere mich, von einem angesehenen italienischen Psychiater positivistischer Schule gehört zu haben, der sich eines Tages auf einem Schlachthof eingefunden und beobachtet hatte, wie die von einem ungenügend starken Elektroschlag getroffenen Schweine, statt zusammenzubrechen, mit Bocksprüngen reagierten. Da ging ihm durch den Kopf, daß man dieselben Resultate auch bei Menschen erzielen könnte. Für die Menschen hatte der Elektroschock schon von Anfang an diese schweinische Verwandtschaft besessen.)

Nun zu den Etagenbetten: Es gibt da eine – sagen wir – Vertikalisierung der Strafe ... Wortlaut einer Tonaufnahme des Präsidenten der Turiner Justizaufsichtstribunals an den Minister vom November 1992: «Mitteilung über das definitive Erreichen des äußersten Fassungsvermögens der vollständig ausgelasteten Anstalt.» Das ist die Turiner Haftanstalt *Vallette*, die erst 1986 in Betrieb genommen wurde: Seither hat sich die Zahl der Stadteinwohner um einige Zehntausende verringert. Von 160 Häftlingen in Forlì stehen 80 Prozent in Verbindung mit Drogen – eine Rekordzahl. Für Sollicciano (Florenz) verzeichnet der Jahresbericht 1992 von Amnesty International Meldungen von Mißhandlungen und Prügelschlägen vor allem an Häftlingen nordafrikanischen Ursprungs, die 40 Prozent der dortigen Gefängnisbevölkerung ausmachen. Im Juni 1992 kommt es nach alter Manier zu einer Revolte mit Geiselnahme von Wärtern. Bizarr genug, erklärt sie der Präfekt Amato zur *protesta umorale*, zum «Temperamentsausbruch». Im römischen Gefängnis Regina Coeli leben 1500 Gefangene, bei einer maximalen Aufnahmefähigkeit von 900 Häftlingen. «Wer keinen Platz in einem Bett findet, ist gezwungen, sich mit einer Matratze auf dem Boden zu begnügen, häufig inmitten von Mäusen und Schaben.» Die Krätze ist verbreitet. Das Jahr 1992 erlebt die Rückkehr der Gefängnisrevolten und eine Welle von Hungerstreikaktionen. «Wir greifen zum Hungerstreik, weil Italien zu Chile geworden ist, weil dies hier ein einziges Aussätzigenlager ist, weil man in der Isolation stirbt, weil die neue Strafprozeßordnung nur noch ein Papierfetzen ist.» Im alten Gefängnis an der Piazza Lanza von Catania gibt es 700 anstelle von 300 Strafgefangenen. Unter den 2704 Neuzugängen beider lokaler Haftanstalten waren 1953 Gefangene ohne Vorstrafen – Rekordziffer aller Zeiten. Das alles läßt sich nur schwer mit der Intensivierung des Kampfes gegen die Mafia erklären, auch wenn das eine Rolle spielte. «Unser Gebäude ist alt, die Zellen haben sehr hohe Decken, weshalb wir als konsequent angewandte Lösung massiv auf Etagenbetten zurückgreifen.» Die «Bettenburgen» sind allerorts die einzige Lösung. Der Häftling, der im neapolitanischen Gefängnis von Poggioreale «das oberste Lager einnimmt, hat nicht einmal Platz genug, um die Beine anzuziehen». In Bari gibt es fünfmal so viel Gefängnisinsassen wie als Obergrenze vorgesehen, in Neapel sind es dreimal, in Palermo doppelt so viel. In Pianosa sind es die Vollzugsbeamten, die einen Hungerstreik ankündigen: 50 an der Zahl, hausen sie in Campingwagen, die aus der Irpinischen Erdbebenregion zurückgeführt wurden, mitten unter Mäusen, Schaben und Schlamm, bei kaltem Wasser und mit verstopften Klosetts. Sowohl in Pianosa als auch in Asinara, wo im Juni 1992 die Sonderabteilungen für die Mafiosi wiedereröffnet wurden, hat es Meldungen über Prügel und Folterungen gegeben. Niccolò Amato sah sich zu der Erklärung gezwungen, daß es auch für den Bau von Etagenbetten eine Obergrenze gebe: wenn unter ihrem Gewicht die Fußböden nachgeben.

Ein Sozialhelfer hat die Spannungen des Zusammenlebens in den Gefängnissen mit jener «Atmosphäre» verglichen, in der «getrennte Ehepaare unter ein und demselben Dach hausen». Nachdem Enzo Carra, der ehemalige Regierungssprecher von Arnaldo Forlani, wegen Verletzung der Anklagepflicht verhaftet wurde, verbrachte er die erste Nacht in der Gefängniszelle zusammen mit einem Unternehmer aus Palermo namens «Giovanni Barbaro, einem ruhigen, distinguierten Mann: Wir haben die Nacht auf derselben Pritsche zugebracht, ich lag auf dem Kopfteil und er auf dem Fußteil.» Lakonischer noch erklärte derselbe Carra einer anderen Zeitung: «Ich habe eine Nacht zusammen mit einem Ritter des Ordens der Arbeit geschlafen, und eine weitere mit einem Sizilianer, der andere Probleme hat.»

In einem Bozener Gefängnis (das seit geraumer Zeit zur Schließung bestimmt war, mit einem Fassungsvermögen von 80 Plätzen und einer tatsächlichen Belegung mit 170 Häftlingen) waren im März 1993: Stefano Zanon, 31 Jahre alt, seit dem Alter von 15 Jahren drogenabhängig und seit anderthalb Jahren im Gefängnis mit 19 Monaten Reststrafe, sowie Adel Omrani, ein Tunesier von 27 Jahren, wegen Drogenhandels seit etwa einem Monat im Gefängnis, gemeinsam in einer Zelle eingesperrt. Seit 32 Tagen teilten sie sich die Zelle. An dem Abend als das erste Programm der Fernsehanstalt RAI *Der mit dem Wolf tanzt* ausstrahlte, wollte Omrani auf ITALIA I den *American Fighter IV* sehen. Die beiden gerieten in Streit, Omrani stieg von der Pritsche herunter, verpaßte Zanon einen Faustschlag und zerquetschte ihm die Milz. Zanon, der an einer Leberzirrhose litt, starb am darauffolgenden Morgen. Vor kurzem noch hatte er um Hausarrest nachgesucht und in einem Brief an die Tageszeitung «Alto Adige» geschrieben, daß er den Hungerstreik aufgenommen habe und die medizinische Versorgung verweigere. Der Brief begann mit dem Satz: «Ich bin nicht zum Tode verurteilt worden.»

In Pisa wurde der herzkranke und vormals drogenabhängige Roberto Giannecchini, Vater eines wenige Monate alten Zwillingspärchens, unmittelbar nach einem Eingriff am offenen Herzen und mit noch frischer Wunde inhaftiert – aufgrund einer Reststrafe von wenigen Monaten wegen eines Handtaschendiebstahls (300 000 Lire Beute). Er starb vor Kummer und Schmerz in der Zelle. Seine Witwe sagte bei der Beerdigung: «Das ist die Justiz der Reichen.» Anträge auf Hausarrest waren abgelehnt worden.

Den Schmiergeldern sei Dank, ist das Fernsehen ins Gefängnis gekommen. Eine Ausgabe der Sendereihe *Milano, Italia* von Gad Lerner wurde aus dem Mailänder Gefängnis San Vittore übertragen. Gozzini hat sie so kommentiert: «Hunderttausende, vielleicht Millionen von Italienern haben wenigstens zwei Dinge begreifen können: Im Gefängnis ergeht es einem sehr, sehr übel, es ist und bleibt eine harte Strafe, und die gesetzlich vorgesehenen alternativen Maßnahmen, um einen Teil der Strafe unter bestimmten Voraussetzungen außerhalb des Gefängnisses zu verbüßen, wurden nur in einem unbedeutenden Prozentsatz aller Fälle zur Flucht benutzt, wohingegen sie für die überwältigende Mehrheit zum Instrument entweder der guten Führung im Gefängnis geworden sind (die vormals hausgemachten Gewalttaten haben abgenommen) oder jener stufenweisen Rückkehr in die Freiheit und in ein achtbares Gesellschaftsleben ohne Rückfall ins Verbrechen, was alles in allem unleugbar von kollektivem Interesse ist. Ich sagte, die Strafersatzmaßnahmen *sind* ..., tatsächlich muß ich mich aber korrigieren: sie *waren* ..., denn die gegenwärtigen gesetzgeberischen Maßnahmen haben dem Großteil der Verurteilten jede Möglichkeit zu alternativen Strafmaßnahmen genommen. Somit befindet sich das Gefängnis heute in einem Schwebezustand zwischen dem Nachtrauern darüber, was möglich war, und dem Aufbegehren gegen gesetzgeberische Schranken, die mit der Mafia häufig gar nichts zu tun haben. Das sind lediglich Antworten auf das Verlangen nach etwas Sichtbarem. Man streut den Leuten Sand in die Augen.» («L'Unità» vom 28. Februar 1993.)

Auch eine Crew des Fernsehmagazins «Mixer» ist in das Gefängnis gegangen. Am Montag, den 8. März moderierte Minoli eine Sendung über das Verfahren der Häftlingsaufnahme von San Vittorio. Die Fernsehleute stellten die verschiedenen Formalitäten nach – Abnahme von Fingerabdrücken, Aufnahme von Fotos, Abgabe der persönlichen Habe, körperliche Durchsuchung usw. –, mit durchweg freundlichem und hilfsbereitem Vollzugspersonal. Als der Darsteller des Häftlings bei der Aufnahme in das Registerbuch angelangt ist, erklärt ihm der Aufseher: «An dieser Stelle fragen wir nach Nachnamen, Vornamen, Geburtsort und Geburtsjahr, nach Papa und Mama ...» Genau so sagte er es: *Papa* und *Mama*.

Beinahe unerklärlich ist die Art und Weise, mit der sich die Regierung Amato im März 1992 entschlossen zeigte, ihr

Dekret über die Gewährung von Straffreiheit für Verstöße gegen die Parteienfinanzierungsgesetze zu präsentieren; es wurde quittiert von einem Aufstand der öffentlichen Meinung und – wenn auch verspätet und zwiespältig – der Medien sowie von einer gemeinsamen Verlautbarung der ermittelnden Mailänder Staatsanwälte, bis der Staatspräsident erklärte, daß er das Dekret nicht unterzeichnen würde. In ihrer Verteidigung der redlichen Absichten des Vorhabens unterstrichen Amato wie sein Justizminister Conso die praktische Notwendigkeit einer Entkriminalisierung, um die Strafverfolgung auf schwerwiegendere Verbrechen wie Korruption, Erpressung usw. zu beschränken; denen, die das Finanzierungsgesetz verletzt hätten, sollten statt dessen strenge, auf dem Verwaltungsweg zu erwirkende Zwangsmaßnahmen auferlegt werden, womit der richterlichen Urteilswelle langfristig abgeholfen wäre. Zu seiner Unterstützung rief Amato politische Gegner des Regierungslagers in den Zeugenstand, darunter einen der angesehensten Vertreter der parteinahen (PDS) Richtervereinigung «Magistratura Democratica», Giovanni Palombarini, Mitglied des Obersten Richterrats CSM. Dieser hatte unmittelbar zuvor geschrieben, die Liberalisierungsmaßnahme sei im Zusammenhang mit einer unabdingbar weitergehenden Entkriminalisierung des Strafrechts zulässig gewesen, um die Gerichte zu entlasten, die mit solcherart Strafsachen überhäuft seien, welche dem allgemeinen Rechtsempfinden nach auch über einfache Zwangsmaßnahmen auf dem Verwaltungsweg erledigt werden könnten. Palombarini erinnerte auch an die Überfüllung der Gefängnisse mit Personen, die zu kurzfristigen Strafen verurteilt seien oder auf ein Urteil warteten, das ihnen ohnehin die Freiheit bringen würde. Also stimmte es, Palombarini hatte es ja gesagt. Eben dies war jedoch das Unglaubliche an der Regierungsoption: Angesichts einer explosiven Situation in den Gefängnissen und Gerichtshöfen, die eine Liberalisierung des Strafrechts schon längst notwendig machten, setzte die Regierung auf ein Eildekret, das ausschließlich den politischen Zuwiderhandlungen der Parteienfinanzierungsgesetze vorbehalten sein sollte.

Was mich übrigens erschüttert – auch wenn ich die Frage rein technisch nicht zu behandeln wüßte –, ist der schreiende, diesmal zu Lasten der empörten Oppositionsparteien gehende Zwiespalt zwischen der Aushöhlung des Gozzini-Gesetzes und dem Aufstand gegenüber der von seiten der Regierung Amato betriebenen «politischen Lösung». Die Gewährung von Straffreiheit würde der Gerichtsbarkeit die Kontrolle über die Finanzicrungsdelikte entziehen, um sie einer Machtinstanz zu übereignen, die – wie der Präfekt – von der Exekutive abhängig ist; genau dies ruft die helle Empörung hervor. Die Liquidierung des Gozzini-Gesetzes erfolgte indessen gerade darüber, daß die Gewährung von Vergünstigungen, wie sie zuvor dem Ermessen des Haftaufsichtsrichters (und den Gefängnisverwaltungen) oblagen, diesem entzogen und hingegen den Provinzialkommissionen für die öffentliche Sicherheit und Ordnung und der Entscheidungsgewalt der Präfekten unterworfen wurden. Die Kritik an diesem Rückschritt – samt den willkürlichen Auswirkungen auf die sich darüber verschlechternden Haftbedingungen – wird allein den prinzipiellen Rechtsgarantisten überlassen. (Luigi Ferrajoli hatte es genau vorhergesehen: «Da es sich um ein bürokratisches Organ handelt, stellt sich zwangsläufig die Frage, welcher Präfekt der geeignete sei, um die Verantwortung für ein positives Gutachten zu übernehmen. Dieser Mechanismus ist dermaßen abwegig, daß eine solche Stellungnahme, auch wenn sie alles andere als rechtsverbindlich, dennoch bindend ist. Was ist ein Urteil, das verbindlich von der Exekutive, vom Präfekten, von der Verwaltungsbehörde verlangt wird, aber anderes als eine Einmischung in die Rechtsprechung?»)

Ein Unterschied trennt zwei so rechtschaffene Menschen wie Mario Gozzini und Luigi Ferrajoli. Gozzini, Erstunterzeichner des Gesetzes von 1986, das unter seinem Namen firmiert und daneben von Juristen wie Giuliano Vassalli und Marcello Gallo ausgearbeitet sowie vom Parlament einmütig verabschiedet wurde (was man schnell wieder vergaß), war und ist von einer *flexiblen* Strafregelung überzeugt, desgleichen von einer individuellen Behandlung des Verurteilten, die einen kontrollierten Weg zur Möglichkeit alternativer Strafmaßnahmen und sogar der Strafaufhebung ebnet. Dies erscheint ihm in folgerichtiger Übereinstimmung mit dem Ziel der «Besserung» (zwiespältiges Wort und Erbschaft einer autoritären Pädagogik) und der *resozialisierenden* Wirkung der Strafe zu stehen. Um seine Überzeugung zu stützen, beruft sich Gozzini – über die Verfassung hinaus – auf eine Verlautbarung des Verfassungsgerichtshofs (aus dem Jahr 1974), die das Recht des Verurteilten auf die Überprüfung seiner Haftführung und – einhergehend – auf Strafminderung bekräftigt. Ferrajoli – wenn ich ihn recht verstehe – steht einer Maßgabe, die die *Strafgewißheit* herabsetzt, ablehnend gegenüber. Er unterteilt diese nicht bloß in einen nominellen *Strafanschein* und eine faktische *Realstrafe*, sondern zermahlt die Funktion der Justizverhandlung zwischen den Formen der Vorverhandlung, wie sie vom neuen Strafprozeßrecht eingeführt wurden, und den Möglichkeiten zur Vergabe von «Prämien» und Vergünstigungen, wie sie im Verlauf des Strafvollzugs vorgesehen sind. Ferrajoli ist der Anhänger eines wiederhergestellten Ausgleichs der Strafzumessungen mit ihren jeweiligen Höchstgrenzen, die im Laufe der Jahre über alle Größenordnungen hinaus und im Austausch mit der Strafgewißheit ausgedehnt und propagiert wurden. Ich stelle mir vor, Ferrajoli zielt im Kern – jenseits der Verminderung möglicher Willkürakte eines Systems mit verteilten Rollen und Rollenzuweisungen, die allzusehr dem bloßen Ermessen unterliegen – auf die Unsicherheit, die der *Strafanschein* in der öffentlichen Meinung erweckt, was zudem von zynischen Scharfmacherkampagnen ausgenutzt werden könnte. Dennoch möchte ich mit einem ganz und gar außerjuristischen und profanen Argument mein Mißtrauen vor der *Strafgewißheit* erläutern. Meiner Auffassung nach ist das Gefängnis ein Wartestand, die schmerzlichste und vernichtendste aller Wartezeiten – eine extrem lange Wartezeit, auch wenn unvordenkliche Strafen halbiert werden, auch wenn dreißig Jahre zu fünfzehn werden. Nun muß jeder Wartestand, auch der besonders unabwendbare und verwünschte, die Möglichkeit – wenigstens die winzige Möglichkeit – einer plötzlichen und unvorhergesehenen Neuigkeit beinhalten, eines außergewöhnlichen Ereignisses, einer Befreiung. Unter tausend Fesseln und Hemmnissen, zynischen Absagen und Gefahren der Diskriminierung, ließ das Gozzini-Gesetz immerhin die Hoffnung in den Wartestand eintreten. Aber vielleicht denkt auch Ferrajoli nicht anders, als wie es in einem Passus seiner Intervention des Jahres 1990 nachzulesen ist: «Wenn man zur Strafmilderung entschlossen ist, sind selbstverständlich die prozessualen Verhandlungswege zu erwägen, die relevanten Strafmilderungen bereits im Zuge der Vorverhandlungen und die Strafersatzmaßnahmen im Zuge der Vollstreckung, und zwar mit den offensichtlichen Konsequenzen *nicht nur der Unsicherheit, die als ein Wert für sich selbst angesehen werden könnte*, sondern auch der Ungleichheit, der Diskriminierung und der Willkür schlechthin. Diese Strategie verdient nur dann eine Wertschätzung, wenn man sie als einen Moment des Übergangs im Hinblick auf das demokratische Ziel einer Neudefinition des Strafverfahrens in Erwägung zieht, die vonnöten ist, um das System der Strafersatzmaßnahmen nicht auf ein instrumentelles Überzeugungssystem der Gefängnisaufsicht zu reduzieren.» Nach dieser Debatte wurde nichts mehr in Richtung eines Strafausgleichs unternommen, während das sogenannte Gozzini-Gesetz durch die

Schläge der Ausnahmedekrete so gut wie außer Kraft gesetzt worden ist. Im übrigen ist es Italien gelungen, den Kern der neuen Strafprozeßordnung, die Jahrzehnte gebraucht hatte, um angenommen zu werden, im Verlauf von zwei oder drei Jahren zu vernichten!

(Luigi Ferrajoli ist der Autor eines Grundlagenwerks: *Diritto e ragione. Teoria del garantismo penale* [«Recht und Vernunft. Theorie der Strafgarantie»], Laterza Verlag, Bari 1990.)

Anfang des Jahres 1993 ging in Italien das Gerücht einer Revolution um. Ein Gerücht voller Komik, spektakulär und bedrohlich zugleich.

Von Revolutionen haben die italienischen Ereignisse des Jahres 1993 zumindest die karnevalistische Spur bewahrt: Tragikomische Umkehrung des normalen Alltagslebens und der Rangstufen – sie haben die Polizei verhaftet, wie Totò sagte. Justizminister, die als Angeklagte enden, Präsidentenanwärter der Republik, die für Gemeinverbrechen belangt werden, Finanzbosse und Wirtschaftspatrone, die zusammen mit Ratten und außereuropäischen Rauschgiftsüchtigen in ein und derselben Zelle Brotzeit machten. Seltsamer Karneval, bei dem sich weder die Straßenmädchen auf den Barrikaden mit den Ordensbändern der Ehrenlegion brüsten noch die Armen sich als Millionäre verkleiden. (Das Wort Millionär, was für ein anachronistischer Scherz im heutigen Italien!) Die Bettler bleiben Bettler, die Zigeuner kommen weiter in die Zuchthäuser, die gewöhnlichen und gemeinen Häftlinge bleiben weiter Häftlinge und bleiben weiterhin gewöhnlich und gemein. Ein unfreiwilliger Karneval, in dem die Reichen, die Minister, die Bojaren des Staates und die privaten Manager, die Sekretäre und ihre Sekretärinnen, die ehrenwerten Abgeordneten und die Mächtigen es sind, die sich als Elende, als Verspottete, als Beschämte, als Gefesselte verkleiden. Absonderlich einbahniger und freudloser Karneval, der in die

Fastenzeit übergreift: Vielleicht war der eigentliche Karneval ja das, was vorher war, und die Mächtigen mit ihren Masken hatten sich in den Schaufenstern der Papierwarenhändler vertan. Rührselige Masken aus der Klein- und Stegreifkomödie; Bush und Gorbatschow, längst vergessen, Craxi – allen voran Craxi, Tausende von Craxi-Masken – und Forlani, De Mita und Cossiga, Occhetto und Andreotti; es ist das Neue, was sich nach vorne schiebt, es sind neue Masken und Halbmasken.

Faßt die Ratte! Faßt die Ratte! Ein ehemaliger Präsident der Region Lombardei durchlief die Rubriken «Vermischtes» in den Zeitungen, weil er in seiner Zelle «eigenhändig» eine Ratte erledigt hatte. Man nannte sie «Rattenlöcher», die unterirdischen Bestrafungszellen in San Vittore: Vor Jahren, heißt es, habe man sie geschlossen, und zwar nach dem Haftaufenthalt eines Sozialistenführers. Über die Mäuse und Ratten, die unter dem Fenster promenieren, berichtet mit Schrecken Antonio Mosconi, Delegierter des Verwaltungsrats der Versicherunsgesellschaft Toro. *Topi, Toro, Mosconi,* «Mäuse», «Stier», «Mücken», lauter Namenwitze. Luigi Pagano ist Gefängnisdirektor von San Vittore, 39 Jahre alt: «Wir haben Verträge über die regelmäßige Rattenbekämpfung. Es gibt Ratten, Kakerlaken, Insekten ... Wie könnte es anders sein? Wieder nenne ich die Ziffern, die ich seit Jahren wiederhole: Das Gefängnis sollte 700 Personen aufnehmen, aber es sind derer 2 300. Darunter sind 1 200 Rauschgiftsüchtige und 500 illegale Einwanderer. Auch wir haben Fälle von Krätze, von Tuberkulose gemeldet ... Denkbar, daß es schwierige Momente gibt und daß die Matratzen auf dem Fußboden ausgebreitet werden. Ich habe um die Genehmigung zum Ankauf von hundert Feldbetten ersucht ... Hier ist ein Zeitungsausschnitt vom September 1991. Ich sage darin klipp und klar, daß San Vittore auf dem Weg ist, zum Lazarett zu werden. Niemand hat sich eingeschaltet, im Gegenteil, es wurde sogar gesagt, wir verhielten uns wie der heilige Franziskus, der den Wolf erziehen wollte. Zuerst haben sie uns ausgelacht, jetzt klagen sie uns an ... Seit 1990 sind sechs Gesetzesdekrete ergangen ... Alle beanstandeten Fälle hatten mit der Anwendung des Gozzini-Gesetzes tatsächlich nichts zu tun. Gehen wir den Weg der Entkriminalisierung ... Behalten wir das Gefängnis den gefährlicheren Formen der Kriminalität vor ... Das Gefängnis schadet.»

Jacorossi, Angelo. Öko-Unternehmer, «weißhaarig und gediegen»: «Man hat mich entführt, hat mich 99 Tage lang in einem Loch unter der Erde festgehalten, aber glauben Sie mir – das habe ich auch meiner Frau geschrieben –, hier in San Vittore ist es noch schlimmer.» («Il Giorno» vom 27. Februar 1993.)

Claudio Moreno, Botschafter Italiens in der Dritten Welt, inhaftiert wegen Erpressung im Zusammenhang mit Hilfeleistungen für die Dritte Welt, beteuert unter Protest, Regina Coeli sei ein Gefängnis der Dritten Welt.

Tomaselli, Enza. Das ist die Sekretärin des ehemaligen leitenden Parteisekretärs der Sozialisten. «Man erklärte mir, daß man mich zum Schutz vor den anderen Häftlingen im Gefängniskrankenhaus festhalte. Von den vier Stunden Hofgang durfte ich nur eine einzige Stunde wahrnehmen, und das nicht einmal jeden Tag ... Ich habe gelernt, die Bedeutung des Besitzes einer Briefmarke, eines Kugelschreibers zu schätzen.» Die Zeitungen berichten über ein Milliardenkonto, das auf den Namen von Enza Tomaselli überschrieben wurde. Sie bestreitet die Ziffer, und über das Konto sagt sie, daß es amtlichen Zwecken, Ausgaben für Büromaterial gedient habe. *Eine Briefmarke, ein Kugelschreiber ...*

Unter der Herausgeberschaft von Enzo Campelli, Franca Faccioli, Valeria Giordano und Tamar Pitch erschien 1992 im Verlag Feltrinelli eine wichtige Untersuchung über «Frauen im Gefängnis». Die Zahl der inhaftierten Frauen – in Abteilungen, die den männlichen Gefängnissen, gleichsam den «Rippen des Mannes», entnommen wurden – beträgt etwas über 2 000, das sind weniger als 5 Prozent der gesamten Gefängnisbevölkerung. Mehr als 60 Prozent sind wegen Drogendelikten hinter Gitter. Die Autorinnen unterstreichen das Fortbestehen einer Vorstellung von Frauen als zerbrechlichen, ausgesetzten und gefährdeten Kreaturen, mehr denn als Rechtsbrecherinnen, was eine widersprüchliche Mischung von größerer Milde und schärferer Strenge zur Folge hat. Dies erweist sich offenbar insbesondere gegenüber der weiblichen Drogenabhängigkeit, die strenger als die männliche verfolgt wird. 77 Prozent der weiblichen Gefangenen sind ohne Hauptschulabschluß; annähernd 60 Prozent sind Mütter; 43 Prozent verbüßen Strafen unter 3 Jahren, 30 Prozent sind zu 3 bis 6 Jahren, 8 Prozent zu 6 bis 10 und 19 Prozent zu mehr als 10 Jahren verurteilt; 76 Prozent sind zwischen 18 und 34 Jahre alt.

Der Anteil der Tötungsdelikte ist (wie mir scheint) verhältnismäßig hoch und liegt bei 9 Prozent. Läßt man die augenblickliche Frauenquote derer beiseite, die an den «bewaffneten Kampf» glaubten, dann überwiegen unter den begangenen oder versuchten Tötungsdelikten die Gattenmorde. (Eine eigentümliche Spezialisierung, die dem männlichen, auch dem Wörterbuch innewohnenden Vorurteil, wonach *Uxorizid* «Mord an der *Gattin*» bedeuten soll, Hohn spricht. Der Mord am Gatten hat kein eigenes Wort, dafür aber seine eigene Tat.) Von Gabriella Parca wurde eine Untersuchung unter weiblichen Häftlingen durchgeführt, *Voci dal carcere femminile* («Stimmen aus dem Frauengefängnis»), Verlag Riuniti 1973 (Neuausgabe im Verlag Rizzoli 1982). Die Autorin durfte eine Reihe von Gefängnissen besichtigen, doch war es ihr strikt untersagt, mit den Insassinnen zu sprechen.

Giorgio Panizzari (*Il sesso degli angeli. Nei labirinti della sessualitá carceraria* [«Das Geschlecht der Engel. In den Labyrinthen der Gefängnissexualität»], Kaos Verlag 1991) machte die folgende Beobachtung. «Während die Homosexualität in den italienischen Gefängnissen während der Jahre, die der Strafrechtsreform vorausgingen, weit verbreitet war und stark praktiziert wurde (in manchen Gefängnissen verschwiegen und verschämt, in anderen offen und selbstbewußt), löste die Reform eine Art Moralisierung aus, die zu einer drastischen Abnahme des Phänomens führte, dessen Überbleibsel in die Heimlichtuerei und Verborgenheit abwanderten.» Panizzari, der in einem anderen Buch seine eigene Geschichte erzählt hat (*Libero per interposto ergastolo. Carcere minorile, riformatorio, manicomio criminale, carcere speciale: dentro le gabbie della Repubblica* [«Frei durch ‹Lebenslänglich›. Jugendstrafanstalten, Reformgefängnisse, Gefängnispsychiatrie, Sonderhaftanstalten – in den Käfigen der Republik»], Kaos Verlag 1990), wurde zu lebenslänglicher Freiheitsstrafe verurteilt, ging durch sämtliche Höllenkreise des Gefängnisses und widersetzte sich dessen zerstörerischen Wirkungen zunächst als «Gewöhnlicher» und dann als «Politischer». Anschließend schlug er offenbar einen eigenen Weg des Widerstands ein, der sich mittels der Schrift den zeichenhaften Merkmalen der Identität, ihrer Entzifferung und ihrer Beherrschung, anvertraute – einer «Transsubstantiation des Körpers dessen, der im Schriftkorpus schreibt», auch in Gestalt besonders spektakulärer und unmittelbarer Mitteilungen: «Ich besorgte mir eine chirurgische Nähnadel sowie biologisches Garn, und eines Abends vernähte ich mir den Mund mit vier Stichen knapp über den Lippen. Mit drei weiteren Stichen vernähte ich mir anschließend den Schwanz in der Höhe der Vorhaut.

Dann nahm ich mein übliches Leben wieder auf. Sogleich kamen die Polizeiagenten, um mich zu fragen, was die Naht auf dem Mund bedeuten soll, und selbst wenn ich es gewollt hätte, konnte ich ihnen darauf keine Antwort geben, doch wollte ich es ohnehin nicht, denn dazu hatte ich weder Lust noch Sinn. Wie immer ging ich am nächsten Tag hinunter zum Hof, und meine Begleiter beim Spaziergang erkundigten sich sofort danach, was ich denn gemacht hätte, und sie umringten mich: Ich sprach nicht – ich schaute sie an, geradewegs schaute ich ihnen in die Augen, doch ohne einen besonderen Ausdruck, weiter nichts. Einer entfernte sich sofort, ihm war es offenbar unbehaglich zumute, sich im Bilde meines genähten Körpers zu spiegeln ... Andere stellten mir weitere Fragen, oder stellten sie sich selbst ... Die meisten hielten die Sache jedenfalls sogleich für ein neues Schelmenstück von mir, um meine Verlegung zu erzwingen, vielleicht sogar ins Irrenhaus – alle wußten sie etwas von meinen Verfehlungen. Andere schwiegen und fragten mich gar nichts – sie dachten nach ... Ich spazierte weiter, und als die anderen beim Essen waren, ernährte ich mich von Flüssigem. Ich studierte, notierte mir meine Eindrücke und schlief und träumte wie immer. Während einer der ersten «Gemeinschaftsstunden», an der ich ein paar Tage, nachdem ich mir die Stiche angebracht hatte, als Genähter teilnahm, baten mich zwei Mitgefangene, zu denen ich gute Beziehungen unterhielt, um Erklärungen – und angesichts dessen, daß ich nicht sprechen konnte, stellten sie mir ihre Fragen schriftlich. Ich schrieb ihnen zurück, daß ich mir Mund und Pimmel deshalb zugenäht habe, um des Experiments und des Beweises einer Sache wegen, von der ich überzeugt war, *daß es ein und dasselbe wäre*, daß ich zwischen einem genähten und einen ungenähten Leib nämlich keinen Unterschied erkennen könnte ...» Diesen langen Passus habe ich nicht nur aufgrund jener willentlich extremen

Anwendung der Symbolsprache zitiert, sondern auch deshalb, weil ich mir vorstelle, daß jeder Leser und jede Leserin zu unterschiedlichen Reaktionen kommen werden – Verwirrung, Bestürzung, Entsetzen und, schließlich, vielleicht den eher abwesenden und daran gewöhnten Blick annehmen, mit dem die innerlich zugenähten Hofgänger von Palmi jenen *mit Garn und mit Zeichen* wirklich Genähten anstarren oder sich von ihm abwenden.

Heute, da das Gefängnis gewissermaßen näher an unsere Wirklichkeit herangerückt ist (auch die Formel «Hausarrest», so willkommen dieser auch sein mag, domestiziert es gleichsam und paßt das Haus dem Gefängnis an), betrachte man dies als Literaturempfehlung für einen historischen Führer zum vielleicht unvorhersehbaren Ausflug zwischen die Ruinen – für den Fall, daß man einmal das Büro verwechselt.

In der Erzählung eines Häftlings entdecke ich den Satz: «Man schläft wie in einem Raumschiff». Das ist ein ähnlich suggestiver Vergleich wie mit der kurzen Stille des Aquariums – keine Stille, sondern ein Defekt, der den Schall unterbricht –, jene zermürbende und träumerische Langsamkeit der Bewegungen, jenes erzwungene und maskierte Zusammenleben, jene *Absenz von Schwerkraft.* Das ist es: Das Gefängnis ist eine Absenz von Schwerkraft.

«Eines der gebräuchlichsten Betäubungsmittel ist der Schlaf. Für mich war der Moment des Schlafengehens eine wahre Befreiung, und ich erwartete ihn wie eine angenehme Verabredung. Als ob man sagen wollte: Jetzt, nach einem ganzen Tag der Nicht-Existenz, bin auch ich da, während der Nacht kann ich *wie alle anderen leben.*» (Ein Häftling, zitiert nach: E. Gallo und V. Ruggiero, *Il carcere immateriale* [«Das immaterielle Gefängnis»], Verlag Sonda, Turin 1989.) Diese «demokratische» Idee des Schlafs, der alle Menschen gleich macht – wie sein großer Verwandter, der Tod –, muß seine Rechnung freilich mit der Gefängniskrankheit par excellence, der Schlaflosigkeit, begleichen.

Was den schlimmeren Moment des Erwachens angeht: «Francesca macht die Beobachtung, wie bitter und traumatisch das morgendliche Erwachen ist. Ihrer Meinung nach ist entschiedener Zynismus geboten: ‹Die Pause ist beendet, täusche dich nicht, du bist weiter hier, hinter Schloß und Riegel.›»

Der Radikalismus war einmal eine Eigenschaft der Jugend, obgleich ihn Lenin als eine Kinderkrankheit geschmäht hatte. Seit einiger Zeit verbreitet sich in der Öffentlichkeit ein wechselnder, aber beharrlicher Gemütszustand, der die Bezeichnung Altersradikalismus verdient. Es handelt sich um eine Empfindung, oder besser, um ein Ressentiment, das mit dem Radikalismus die chirurgische Schärfe teilt, auch die Vereinfachung und den Willen, reinen Tisch zu machen – sowie die Ansteckungskraft eines über die Jahre und die Runden bewährten Taxifahrergemüts: *Für Montecitorio bräuchte es eine hübsche Bombe …*

Im Gegensatz zum Jugendradikalismus, dem ich selbst vor allem in seinen Anfängen zugehörte, ist der Altersradikalismus verschlossen, entmutigt, oftmals nachtragend und bösartig geraten, mehr an das Vergnügen geklammert, «*sie* es bezahlen zu lassen» – wohlverstanden, *sie* haben es ja so gewollt –, als an das beherzte Zutrauen, die Welt und sich selbst verändern zu können.

Dieses kleinmütige Empfinden hat sich zu neuen, im übrigen sehr unterschiedlichen politischen Bildungen kristallisiert, ist aber auch in eher traditionelle Formationen und Milieus eingedrungen. Die forsche Übertreibung und die mit ihr einhergehende sprachliche Abstumpfung sind zum vorherrschenden Ton der Massenmedien – auch der gehobeneren – geworden. Ein und derselbe Ton hat den

Staatspräsidenten mit seinen unermüdlichen Gegnern vereint und die Größen des Journalismus mit betagten Gelehrten, die bislang zurückgezogen lebten.

Der Altersradikalismus kann unedle und edle Gesten und Züge annehmen, die frohlockende Engstirnigkeit von Professor Miglio oder den Schmerz des Richters Caponnetto, der der Trauer eines König Priamos über seine Söhne würdig ist; es handelt sich aber auch um ein Symptom für eine tiefgreifende und folgenreiche allgemeine Tendenz. Gewiß ist der Altersradikalismus ein Ausdruck des Übergangs eines Regimes zum nächsten und die Reaktion darauf. Mir aber scheint, daß er auch ein Grund für jene geringe Sichtbarkeit der Jugend ist, für ihre fehlenden Wortmeldungen, was kurzsichtigerweise allein ihrem Haften an den Werten von Ordnung, Gewinn und Bequemlichkeit zugeschrieben wird – als hätten nicht auch die primitiven Meinungsumfragen am Vorabend von '68 das Bild einer Generation von Studenten gezeichnet, die ganz «Uni, Haus und Kirche» gewesen wären. Die Manien der Werbung, den nachwachsenden Generationen von Jungen und Mädchen ein (wie ich glaube und wünschen würde) unmögliches «neues '68» nahezulegen, hat ebenfalls seinen Teil dazu beigetragen, die Jugend zu enttäuschen und sie an den Rand zu drängen. Im Gegenzug treffen viele Jugendliche die Wahl, sich anderswo zu engagieren, wie es sich im sozialen Volontariat gezeigt hat, der wohl kostbarsten Initiative der achtziger Jahre. Der Altersradikalismus aber ist anmaßend; das Recht der Jugend auf eine frische und radikale Deutung der Welt und auf die dafür erforderliche Distanz gegenüber dem, was die Erwachsenen aus ihr gemacht haben, zermalmt er gedankenlos, indem er es nachäfft. Ich habe keine vermeintlichen soziologischen oder biologischen Regeln im Sinn. Vielmehr denke ich, daß die Jugendlichen heute eine Erwachsenengeneration vor sich haben, die sich fortreißen ließ von der Feiertagsidee, die nächstbeste Fernsehkamera gewinnbringend für sich einzusetzen und sich vor ihr zu brüsten, um eine halbe Stunde später von einem Bescheid über die Eröffnung eines Ermittlungsverfahrens und vom Gesichtsverlust schmerzlich eingeholt zu werden. Im globalen Dorf ist das Gesicht zum höchsten Wert aufgestiegen, der die Konfrontation mit dem eigenen Gewissen, auf der für zwei Jahrtausende die Moral und der Sinn für Schuld gebaut waren, in den Schatten gestellt hat: Erwachsene, die sich gegenseitig umbringen, weil sie es nicht mehr ertragen, sich im Spiegel der Bildschirme und ihrer Gegenüber zu betrachten, oder die, statt sich gegenseitig umzubringen, die Namen ihrer Freunde, Verwandten und Kollegen aufzählen, um wie Moderatoren gleich wieder von Null zu beginnen. Gegen eine solche Kategorie erwachsener und reifer Menschen wettern die Alten und Greise mit wahrhaftiger Empörung oder mit demagogischer Rhetorik; sie zeigen sich unbeugsam und sind bereit, die Welt als das finsterste aller Komplotte zu beschreiben, als die trügerischste aller Schwindeleien, die niederschmetterndste aller Handstreiche. Die jungen Leute eilen in großer Zahl entweder herbei oder halten sich davon fern; sie stimmen für die eine oder für die andere Seite, oder sie enthalten sich ganz; sie füllen die Aulen, in denen ihnen die Welt erklärt wird, machen sich Notizen – und bleiben stumm. Sie drängen auf den einen oder anderen Punkt, aber ohne die Schale aufzubrechen.

Nichts ist zufällig, und kein Nachtrauern kann die tieferen Gründe für das Explodieren von Bewegungen aufwiegen, die sich – mehr als von entlegener Solidarität und abenteuerlichen Sympathien – vom quälenden Gefühl einer Bedrückung oder geradewegs vom harten Groll und vom unduldsamen Widerwillen gegenüber Ausländern und Durchreisenden jeder Art nähren. Grelle Schlagworte, wie die Schlachtrufe aus den Fußballstadien, und ein mehr oder minder undeutliches – mehr oder minder drohendes – Versprechen, die Jugend zur handgreiflichen Gewalt zu ermächtigen: dies gehört zu den kraftvollsten Angeboten des gegenwärtigen bürgerlichen Markts an die Jugendlichen.

In diesem vielgestaltigen, aber verqueren Altersradikalismus sehe ich das Abflauen, wenn nicht das völlige Betäuben der Konfrontation und des Konflikts zwischen den Generationen, die – mit oder ohne Übertreibungen – die Lebhaftigkeit einer Gesellschaft ausmachen; ich sehe darin außerdem die Unterordnung der Jugendlichen unter einen inneren Konflikt der älteren Generationen – wenn es denn einer ist. Ein alarmierendes Phänomen sehe ich in dem besonders auffälligen Unterschied, der zwischen diesen Jahren und jenen Ende der sechziger klafft, zwischen dem damaligen Eintritt der Kinder der demographischen Hochkonjunktur ins Alter des Aufbegehrens und der heutigen Langlebigkeit, bei gleichzeitigem Einbruch der Geburtenrate. Italien, das erst spät zu dieser Reifetendenz gekommen ist, bringt sie, wie üblich, mit den jeweiligen Interessen in Einklang und verzeichnet neben einem Rekord an Langlebigkeit und jugendlicher Ausdünnung die fieberhaften psychologischen Kundgebungen solcher Umkehrung. Vielen unserer (männlichen, möchte ich sagen) Älteren, die die Macht besitzen, den Jüngeren entweder zu applaudieren oder sie auszupfeifen – oder ihnen Steine zwischen die Füße zu werfen, denn auch dafür ist die Altersgrenze stark angestiegen –, erscheinen die Heranwachsenden weder als interessante und beachtenswerte Gesprächspartner noch als verdächtig bedrohliche Widersacher. Die Jugendlichen, an die viele unter den Älteren denken oder die sie als undeutliche nächtliche Phantome sehen, haben albanische, außereuropäische und zigeunerhafte, asiatische und afrikanische Gesichter: Sie stammen aus jener Welt, in der die Menschen mehrheitlich unter fünfzehn Jahren alt sind. Wenn das Spiel zwischen Jung und Alt – das italienische und das europäische – ausgespielt oder mangels Kampfbereitschaft eingestellt worden ist, dann wird es ganz subtil oder auch brutal zwischen unseren alten und ihren jungen Gesellschaften ausgetragen. So umgekrempelt ist er nun, der junge 68er, der in den Süden, in die Sonne, in die Dritte Welt verliebt gewesen ist und aus dem jetzt ein verschreckter Erstweltler geworden ist, kleinlich, ungesellig, abweisend, und überdies bereit, demnächst noch schlimmer zu werden.

In einer Umfrage von ISPES, die noch vor dem Blutbad von Capaci im Juni 1992 abgeschlossen wurde, erklären sich 50,02% der Italiener zu Befürwortern der Todesstrafe; 45,87% sind dagegen und 4,10% sind unschlüssig. Ein paar Jahre zuvor verstieg sich sogar ein Politiker wie Arnaldo Forlani, der für seine, den Bewohnern der Marken eigentümliche Trägheit und Friedfertigkeit gefeiert wurde und der damals für das Amt des Staatspräsidenten kandidierte, in einem Kamingespräch mit einem Journalisten zu der Behauptung, die Todesstrafe sei gar nicht so schlecht. (Ob sich Forlani daran erinnert hat, als ihn die Zwangsmaßnahmen der Mailänder Staatsanwälte gegenüber seinem ehemaligen Sprecher zu ungewöhnlich harten Protesten veranlaßten, oder auch danach, als die Reihe der Verlosung von Ermittlungsbescheiden an ihm war?)

Binnen kürzester Zeit sind im italienischen Parlament wieder Überlegungen in Umlauf gekommen, die das Lynchen als die höchste Form der Justiz betrachten und dies durch Gesten wie einen in der Aula (vor allem vor den Fernsehkameras) ausgestellten Galgenstrang zum Ausruck bringen: Überlegungen und Gesten von Dummköpfen – natürlich –, die anderen Dummköpfen draußen nacheiferten. Dennoch erfreut sich die Dummheit in ruhigen Zeiten einer guten Presse, und in stürmischen Zeiten kann sie zur Woge werden.

Wäre das zwanzigste Jahrhundert nur dem gefolgt, was die Romane des neunzehnten ein für allemal bewiesen hatten! Dostojewskij, der selbst einem Exekutionskommando gegenübergestanden hatte und im letzten Moment vor der Hinrichtung bewahrt wurde, war der Meinung, Victor Hugos bestes Buch sei *Der letzte Tag eines Verurteilten* gewesen. Ihr solltet es lesen: Kurz und fesselnd, nimmt es nicht mehr Zeit in Anspruch als ein paar Meinungsumfragen, die unseren Zeitungen in einer Woche das «Ja» und in der anderen Woche das «Nein» zur Todesstrafe liefern. Hugos *Plädoyer*, erschienen im Jahre 1829, hat wenigstens zwei Resultate, hinter die man nicht mehr zurückgehen sollte. Das erste betrifft den Standpunkt: Hugo schreibt, als wäre er ein zum Tode Verurteilter an seinem letzten Tag. Die Amtsinhaber und die Öffentlichkeit, die sich heute zur Todesstrafe äußern, versetzen sich selbst zuweilen an die Stelle des Richters, der sie verhängen sollte, oder – wenn sie noch weiter gehen wollen – an die Stelle des Henkers, der sie vollstrecken sollte, niemals aber an die Stelle des Verurteilten. (Dasselbe gilt für die große Schar von Laien und Amateuren, die sich über das Gefängnis auslassen – wo es doch für alle um vieles leichter geworden ist, hinter Gitter zu kommen.) Dem zweiten, von Victor Hugo fest umrissenen Punkt zufolge muß die Todesstrafe geächtet werden, und zwar bedingungslos und ohne jeden Unterschied von Tat und von Schuld oder Unschuld. Über Hugos Verurteilten haben wir am Ende seines letzten Tags und seines Gangs nach Golgatha alles erfahren, jede Regung der Seele und jede vibrierende Bewegung des Körpers, Angst und Hoffnung, Auflehnung und Resignation – nichts aber haben wir über die Straftat erfahren, um derentwegen er in der Todeszelle ist. Das ist auch nicht nötig. Es war unnötig, zu wissen, ob man sich dort als Unschuldiger oder als Schuldiger befand. Die Todesstrafe gehört *absolut* geächtet. Ihre Abschaffung muß an ein moralisches Tabu gebunden sein, nicht aber an eine juristische Unterbindung, die von der gesellschaftlichen Konvention oder von der Vorsicht gegenüber dem Justizirrtum diktiert würde. Deshalb ist es geboten, unmißverständlich zu sagen, *daß man sich weigert, über die Todesstrafe überhaupt zu diskutieren.* Die Bereitschaft, die Todesstrafe «wieder zur Diskussion zu stellen», ist das Zeichen einer moralischen und geistigen Schwäche, wenn nicht einer engstirnigen Brutalität.

Ein Wohlgesinnter wird unbeschwerten Anhängern der Todesstrafe gegenüber einwenden: «Seid ihr bereit, sie persönlich zu vollstrecken?» Eine hinfällige Frage, denn in ihrer Mehrheit würden jene sie nicht vollstrecken wollen, so wie man sich mit einer Vielzahl anderer lästiger Arbeiten auch nicht die Hände schmutzig machen möchte. Dafür kann man die bezahlen, die es nötiger haben oder die weniger zimperlich sind. Im Extremfall lassen sich Sanitäter und Scharfrichter in der «Vierten Welt» suchen. Ohne die ehrliche Berufung außer acht zu lassen: Schon dringen die Anfragen seitens freiwilliger Anwärter durch, die von der Gelegenheit, für ihr Talent als Mörder einen legalen Sold zu erwerben, angezogen werden. Der letzte britische Henker ist kürzlich in hohem Alter als Gegner der Todesstrafe gestorben: Er hatte ja auch sehr viel gearbeitet. – Ein anderer mit denselben guten Absichten macht den Einwand: «Aber seid ihr bereit, an der Hinrichtung persönlich teilzunehmen?» Man stelle sich nur einmal vor! Während der Zeit der öffentlichen Exekutionen nahmen die Leute bereits am Abend zuvor ihre Plätze ein und folgten dem technischen Fortgang des Spektakels mit sachkundigen Beifalls- und Mißfallensbekundungen. Und was tun wir? Wir wohnen am Fernseher dem Spektakel der letzten Stunden von Verurteilten bei, dem Hin und Her ihres Transports zum Hinrichtungsraum, den Aufschüben und der Bestätigung des Todesurteils, den Fehlschlägen bei der Verabreichung des Todes, dem Beben und dem Zucken der

Leiber. Fernsehen, wird man einwenden, hieße nicht, persönlich dabeizusein. Ganz im Gegenteil – es ist unsere Art und Weise, persönlich dabeizusein: eine keineswegs unschuldigere, sondern lediglich gleichgültigere Schau. Auch die alten Mütterchen auf der Place de Grève hörten bekanntlich nicht mit dem Stricken auf, als die Klinge der Guillotine herabsauste.

In Wahrheit sind wir dazu bereit, uns den Umständen und Vorlieben gemäß zu Richtern, Henkern, Zuschauern, zustimmenden oder gleichgültigen Nutznießern der Todesstrafe zu machen. Entscheidend sind nicht die Argumente, die dafür oder dagegen sprechen. Mit den besten Absichten heißt es, ein Justizirrtum sei stets möglich, und es könnte ein Unschuldiger in den Tod geschickt werden. Ein ahnungsloser Einwand: Darauf wird die Antwort kommen, daß es notwendig sei, die Aufmerksamkeit für die Verhinderung von Justizirrtümern zu vervielfachen, und daß die Sicherheit der Gesellschaft einen vernünftigen prozentualen Anteil von unschuldig Geopferten durchaus verdiene. Sobald man eine Diskussion über den Justizirrtum oder das Risiko, einen Unschuldigen umzubringen, tatsächlich akzeptiert, hat man die Partie schon als verloren an die siegesbereiten Fanatiker der Todesstrafe abgegeben. Deren Argumente sind deshalb so stark, weil sie jeder Argumentation gegenüber völlig gleichgültig sind: Ihr dunkles Begehren nach Rache und nach Tod wollen sie lediglich in irgendeinen Anschein von Zweckmäßigkeit kleiden. Ebenso wahr ist es, daß sie die Konsequenzen aus dem Verbot «Du sollst nicht töten» unbekümmert ins Gegenteil verkehrt haben. Für Privatpersonen halten sie das Gebot aufrecht, um den Staat davon zu entbinden. Im Namen der Überwindung der Barbarei einzelner, weisen sie dem Staat auch das Monopol des Tötens zu. Der Mord, der auf Rechnung des Gesetzes und des Kollektivs begangen wird, ist hingegen infamer und unverzeihlicher noch als der von den einzelnen begangene. Sogar die Kirchen schwanken und akzeptieren bisweilen die Todesstrafe – auch die Kirchen sind zur Niedertracht fähig.

Die Todesstrafe, sagen ihre Anhänger, sei das wirkungsvollste Bollwerk vor der Gewalt und vor der privaten wie gruppenweise verübten Grausamkeit. Das sei falsch, antworten andere und beeilen sich, die Daten vorzulegen, die das Gegenteil beweisen. Sie haben recht, aber nicht in den Augen derer, die an die Todesstrafe glauben. Und sie stellen sich selbst eine Falle: Wenn die Daten anders wären, wenn sie irgendeine praktische Wirkung von Hinrichtungen auf die Verminderung der Straftaten beweisen würden, wäre die Todesstrafe *dann* akzeptabel?

Die Todesstrafe ist inakzeptabel, und zwar deshalb, weil sie den einen Menschenwesen das Leben nimmt und die anderen zu Mordkomplizen macht und weil sie aus dem Gesetz einen Vorwand zur Rache ableitet. Man muß *absolut* gegen die Todesstrafe sein, und zwar außerhalb jeglicher Diskussion. Dies ist ein Fall – einer unter wenigen –, bei denen eine Wahrheit nicht vom Überwiegen mancher Gründe über andere, von keiner relativen Entscheidung abhängig ist, sondern sich selbst genügt und von der falschen Toleranz der «Diskussionen» und der falschen Demokratie der Meinungsumfragen beleidigt wird. Fragen von Leben oder Tod unterwirft man keinen Stimmabgaben, keinem Referendum und auch keinen Umfragen von einmal wöchentlich. Über die Todesstrafe läßt man *niemals* abstimmen. Der Todesstrafe gegenüber gibt sich der Reaktionär als gefügiger und pragmatischer Möglichkeitsmensch; wer die Todesstrafe dagegen verabscheut (ich spreche nicht vom Revolutionär, denn die Revolutionen haben das Schafott niemals abgeschafft, sie haben es oft genug vervielfältigt), nimmt seinen Standpunkt mit der Festigkeit einer Glaubenswahrheit ein, eines unbestreitbaren Dogmas, das jedem Argument vorausgeht.

Plötzlich also haben die Kommunikationsvermittler und Taschenspieler der öffentlichen Meinung das Gefängnis wiederentdeckt, als einige ihrer Tischgenossen, ihrer weltläufigen Idole und ihrer Arbeitgeber gnadenlos hinter Gitter kamen, als sich Fotografen und Fernsehkameras auf die Zirkuskäfige und auf die Ketten an den Handgelenken eines Journalisten stürzten, der kurz zuvor noch der Haushofmeister eines Mächtigen war, als die Verlautbarungen der täglichen Rekorde an erledigten Ratten aufkamen, die durch private und öffentliche Manager erschlagen wurden, und dazu die Berichte von Nächten, die Regierungsberater und Regierungsräte, zusammengekauert neben HIV-Positiven und Namenlosen, auf schmutzigen Strohlagern zubrachten, als von Kidnapping Betroffene zu Opfern öffentlicher Freiheitsberaubung wurden und urkundlich beglaubigten, daß das Gefängnis schlimmer sei als die Fallgrube der Banditen. Sie haben das Gefängnis entdeckt, und sie haben ihre Empörung darüber zur Schau gestellt. Aber es war eine Farce. Denn man wußte schon alles über das Gefängnis, und dieselben Zeitungen, die es jetzt auf ihren Frontseiten wiederentdeckten, hatten immer wieder das gesagt, was es darüber zu sagen gab, jedoch auf Seite 10, in Artikeln, die risikolos waren, weil sie keiner las, und weil der, der sie gelesen hätte, daraus die Bestätigung für die Existenz einer Anzahl notwendiger Übel, überflüssiger Übel und Übel anderer gezogen hätte und mit einem Achselzucken weitergegangen wäre, auf die Seiten für Sport und Veranstaltungen. Doch mit einem Mal wurden die Worte dick aufgetragen. Piero Ottone in der Zeitung «La Repubblica» (13. März 1993): «Ein Strohlager auf dem Boden, ein stinkendes Klosett ohne Tür, die Zelle mit drei Häftlingen belegt, keine Lüftung, das Fenster verschlossen, um das Eindringen von Ratten zu verhindern. So sind die italienischen Gefängnisse beschaffen. Italien hat skandalöse Gefängnisse, wie sie meiner Vermutung nach im Libanon oder in der Türkei anzutreffen sind. Die Mailänder aber haben in all diesen Jahren weiterhin heiter und sorglos die übervölkerte Festung von San Vittore umkreist, in der es von bestraften Seelen nur so wimmelt, ohne einen Gedanken daran zu verschwenden, ohne sich zu fragen, wie man wohl jenseits dieser Mauern leben würde ... Die Notwendigkeit, auf schmerzhafte Methoden wie die Beugehaft zurückzugreifen, ist ein häßliches Anzeichen; und wenn man sich die Haftbedingungen vergegenwärtigt, so kommt es der Folter gleich.» Es war an der Zeit. Aufgrund des schlichten Gebots des *Showbusiness* ist die Schmach des Gefängnisses mit einem Male durchsichtig geworden. Die Fernsehkameras sind nicht einmal dann in die Gefängnisse eingezogen, als einer ihrer Lieblinge wie Enzo Tortora hinter Gitter gekommen war, und die Kabarettnummern hatten sich einzig von verstohlenen Fotos genährt, die von der Höhe der Sperrmauern aus auf den kahlen Kopf des wehrlosen und halbnackten Spaziergängers im Gefängnishof geschossen worden waren. Es war an der Zeit. Wir leben in einer Gesellschaft, die das Lied von der Transparenz vor sich hin trällert und dennoch ihre Häuser verschlossen hält – die Gefängnisse, gewisse Hospitäler, gewisse Kasernen, gewisse zoologische Gärten, gewisse klinische Labors, gewisse Giftanlagen, die Mehrzahl der Fabriken und Werften –, es sei denn, die Gesellschaft erhebt den Anspruch, sie wiederzueröffnen und sie zu vergrößern, so wie die Irrenanstalten. Alles Heiligtümer der Machtwillkür, Räume einer ebenso fetischisierten wie ungerechtfertigten Geheimhaltung. Wieviele Journalisten und wieviele Amtsinhaber haben eine unmittelbare und wirkliche Vorstellung davon, was ein Gefängnis ist? Und wer von ihnen hat auch nur eine summarische Vorstellung davon, was eine Arbeit in der Abteilung einer Fabrik oder einer Werft ist? Wieviele haben versucht, es herauszubekommen? Wieviele haben sich empört über die Schilder, die Außenstehenden den Zutritt verbieten? Als Enzo Carra, der schon zitierte ehemalige Sprecher von Forlani, in Ketten vor Gericht geführt wurde, wußte in den Zeitungen und Tagesschauen zwei Tage lang niemand, daß jene Eisenketten keine Handschellen waren: Hätten sie sie ausprobiert, so würden sie bemerkt haben, daß zwischen Handschellen und solchen Ketten ein Unterschied besteht, der ebenso groß ist wie zwischen einer Armbanduhr und einer Pendeluhr. «Sklavenringe» heißen sie, jene Eisenketten. Irgendein ehemaliger Häftling hat es den Journalisten gesagt. Sie werden lernen, sie sind dabei zu lernen. Ist das Ende eines Knäuels erst einmal gefunden, dann kommen die Dinge von selbst. Zum Ziehen an jener Kette, die an Carras Handgelenken hing, kamen laut dem Bericht der für die Überführung zuständigen Carabinieri noch 52 andere Personen hinzu, mit denen jener an diesem Morgen zum Gerichtsgebäude transportiert wurde. Gemeinschaftstransport, 53 Häftlinge, multiple Eisen und Ketten, wie es die Bestimmungen vorsehen: So wird es leicht, den Faden aufzuwickeln, wenn man erst begonnen hat, sich zu verstricken. Man braucht Geduld. Wieder freigelassen (nach einem «exemplarischen» Urteil übrigens), habe derselbe Carra, einem wackeren Journalisten des «Corriere della Sera» zufolge, gesagt: «Mir sind nur korrekte Gefängniswärter begegnet, auch wenn sie demjenigen, der eine Krawatte trägt, keine besondere Achtung erweisen ...» Aber im Gefängnis trägt man keine Krawatten. Das Gefängnis verbietet kraft Vorschrift alles, was sich knoten und lösen läßt. Sie werden es lernen.

(Sogar Aldo Moro wurde sie abgenommen – im «Volksgefängnis». In dem Buch *L'ombra di Moro* [«Moros Schatten»], Verlag Sellerio 1991, habe ich an die Beobachtung eines Biographen über die Vorliebe erinnert, die Moro bei Gefängnisbesuchen für Krawatten zeigte.)

In Italien, wo man die Regeln dermaßen mißachtet, daß

man der Sprache die Hyperbel und den Pleonasmus aufbürdet – die «rechtmäßige Justiz», die «gerechte Gerechtigkeit» –, hat die Beachtung des Rechts den bald geschätzten, bald geschmähten Namen *Garantismo* angenommen. Seitdem die Legalität durch jenes Anhängsel zum *Ismus*, in eine politische Richtung oder in eine psychologische Linie verwandelt worden ist, glaubten viele und sagten manche, das Recht und seine Regeln seien ein Luxus aus üppigen Zeiten, während es in mageren Jahren geboten sei, den Gürtel der Gesetzbücher, ihrer Anwendungen und auch der Verfassung selbst enger zu schnallen. Der oberflächliche Machiavellismus und das Vorstaatlertum aus italienischer Tradition haben sich hier die Hand gereicht und reichen sie sich weiter. Im Falle der Korruptionsermittlungen hat der Konflikt zwischen der Beachtung des Rechts und dessen praktischer Wirksamkeit im höchsten Maße gezeigt, wie die Partie nach der Seite der vermeintlichen öffentlichen Meinung (und ihrer Gegenwartsversion in Gestalt der Fernsehöffentlichkeit) und ihrer Aufladung wie Instrumentalisierung durch unterschiedliche Akteure ausgetragen wird. Der Konflikt wird gewöhnlich als ein Widerstreit zwischen Form und Substanz präsentiert, mithin als etwas, das im Sinne unserer lexikalischen und kulturellen Gewohnheiten bereits einer Lösung gleichkommen soll: Wenn die *Form* beinahe ein Synonym für Oberflächlichkeit und Luxus ist und *Substanz* ein Synonym für das, «was zählt», dann finden Form und Substanz in der bürgerlichen Kultur wie Rauch beim Braten zusammen. Was die öffentliche Meinung angeht, so war sie in friedlichen Zeiten – offen und erreichbar – das, was in revolutionären (oder gegenrevolutionären) Zeiten – verschlossen und verschanzt – die aufrührerische Menge war, und so liefert ihr Wandel zur Fernsehöffentlichkeit vielleicht einen Beitrag zur Erklärung dafür, daß die kritischen Phasen bei der Aufhebung eines Regimes zur Arbeit von Richtern geraten: Das Volk wird durch das Publikum ersetzt, die mobilisierte Masse durch Meinungsumfragen unter Zuschauern und der Volkszorn durch Fernsehen auf allen Plätzen. Auch darin ist Italien ein Scharnier zwischen dem vormals «realsozialistischen» und dem westlichen Europa: Rumänien bot das Beispiel einer Volksversammlung, die man einberufen hatte, um dem Gegenputsch seines *Conducator* Beifall zu spenden, bevor sie sich mitten in der Rede in eine aufrührerische Menge verwandelte; und es bot das Beispiel auch für den Übergang eines Regimes in der Form eines stillgestellten Fernsehabbilds auf das bestürzte Gesicht von Ceaucescu. Bei uns heute nimmt man an spektakulären Strafprozessen vom Wohnzimmer aus teil.

Wäre das Gefängnis nicht dazu benutzt worden, die Leute zur Aussage zu bewegen – Leute, die der Vorstellung, hinter Gitter zu kommen, stark entwöhnt sind –, hätte die Untersuchung der politischen Korruption nicht das Ausmaß annehmen können, das sie angenommen hatte, und wäre, schlimmer noch und wie in der Vergangenheit, vielleicht schon zu einem früheren Zeitpunkt zum Stillstand gekommen. Das ist wohl wahr, obgleich vielen Geständnissen eine kindische und dem Herdentrieb folgende Neigung zur bequemen Bußübung anzumerken war; sie entsprach ihrerseits der herdenartigen Unbeschwertheit, mit der man den Geldern, dem Zynismus und der Anmaßung hinterhergelaufen war: Leute, die bedenkenlos raubten, Leute, die bedenkenlos «reuig» waren. (Gewiß, mit ein paar ebenso dramatischen wie begreiflichen Ausnahmen.)

Tatsächlich wäre die Krise eines korrupten und verbrauchten Systems ohne das Zusammentreffen mit den Blutbädern der Mafia auf Sizilien, dem Einsturz des Mailänder Sozialismus und der Initiative der Richter nicht hereingebrochen. Dieses Resultat gehört auf das eine Blatt, auf das andere gehören die Kosten in bezug auf die Einhaltung des Rechts. Ganz oben steht hier die Gewöhnung an die Beugehaft, die Beschuldigte und Zeugen zum Geständnis und zur Denunziation zwingen soll. An zweiter Stelle folgt die Neigung dazu, die politisch-administrative Korruption als ein Verbrechen zu behandeln, das einzig in seiner Art sei, als ein einziges kriminelles Vorhaben, das nicht eine oder mehrere singuläre Straftaten oder die Verbindungen zwischen diesen zum Gegenstand der Ermittlungen macht, sondern das überkommene politische System schlechthin, das in diesem Sinne der Mafia – als einer Vereinigung einzig in ihrer Art, mit einem Leitungsorgan in Gestalt der «Kommission» oder der «Kuppel» – gleichgestellt wird. Der dritte und höchste Kostenpunkt ist ein eher indirektes Produkt der Untersuchungen, mehr aber noch ihr partieller Antrieb: der verbreitete Wunsch nach Bestrafung und Demütigung der Mächtigen und Korruptionsverdächtigen vorrangig durch das Gefängnis, und der Beifall dazu. Durch die empörte Abscheu vor dem alten Regime werden der Wunsch nach dem Gefängnis und die Genugtuung darüber wieder populär: Das Hauptrisiko, darunter zu Opfern zu werden, tragen jedoch solche Gefangenen, die schon immer Gefangene waren. Der tatsächliche und symbolische Raum, den das Gefängnis in der italienischen Landschaft einnimmt, hat sich heute weiter ausgedehnt und ist befestigter denn je. Die törichten Stimmen – töricht auch dann, wenn sie gutgemeint sind –, die die Rechtsgarantien, die den Mächtigen eingeräumt wurden, als Schwäche von Hasenfüßen oder als Scheinheiligkeit von Großbürgern verspotten, haben zweifach unrecht: Sie haben ein selektives Recht im Sinn – und sei es auch in Umkehrung der üblichen Auslese –, und sie ignorieren das Zurückweichen des öffentlichen Empfindens, das sich von den Gefängnissen und letztendlich von deren elenden und verlassenen Insassen abwendet.

Wie wird man dem Dilemma begegnen? Einem Machtapparat ein Ende bereiten, der vorsätzlich oder fahrlässig die Regeln der zivilen Ordnung zunichte gemacht hat, oder rigorose Wahrung des Rechts und der Legalität?

Wenn die Frage begründet wäre – sie ist es zum Teil –, würde ich antworten, daß kein Zweck das Mittel einer Justiz heiligt, die kurzen Prozeß macht und ihre eigene Verbindlichkeit mißachtet. Die Antwort besteht in einer bloßen Ausdehnung des Grundsatzes, wonach ein Unschuldiger im Gefängnis schlimmer sei als ein Schuldiger in Freiheit. Dies war einmal eine Überzeugung, die, selbst wenn sie scheinheilig war, als sicher vorausgesetzt werden konnte – bis gestern jedenfalls.

Dennoch ist die Frage unbegründet, unannehmbar und ungerechtfertigt. Das Ableben eines Regimes kann nicht das Ziel – auch nicht der Ausgang, das Resultat – eines juristischen Unternehmens sein.

In Italien ist es beim Dahinscheiden eines Regimes sehr schwierig geworden, eine unabhängige Position zu bewahren, die Entlassung einer oftmals korrupten und fast immer unfähigen und entmutigten Führungsklasse zu wünschen und gleichzeitig die Einhaltung des Rechts, der Befolgung der Regeln, die Zurückhaltung gegenüber und die Solidarität mit den Rechtspersonen zu verlangen. Ein ähnliches Dilemma, das Gewissensqualen auszulösen vermochte, lastete auf den Jahren des Terrorismus, der sowohl zur Suspendierung des Rechtsstaats wie für den Appell zur Identifikation mit einem verdorbenen und unterwanderten Staat benutzt wurde. Die Misere gipfelte in der Agonie und im Tode Aldo Moros, mit dem auch eine ganze Lebenshaltung der Italiener – und eine Manier, sich ihrer zu täuschen – dahinschied. Wer heute nicht vom Strudel des Untergangs einer Führungsklasse verschlungen werden will – einer Klasse, die aufgrund derselben Anmaßung, die eine Begleiterscheinung ihrer Gefräßigkeit und ihres Kleinmuts war, von Panik erfaßt wurde –, und sich auch nicht dem Umzug hinter der herrschenden Klasse anschließen will, um der revolutionären Justiz Beifall zu spenden, während man neben der Ironie auch das Mitleid am Tisch irgendeiner Bar vergessen hat: Wer hier anders empfindet, dem könnte es nützlich sein, sich in den Standpunkt eines gewöhnlichen Insassen eines gewöhnlichen italienischen Gefängnisses hineinzuversetzen. Nicht, daß die Welt des Gefängnisses besser oder vielversprechender als die Welt draußen wäre – sie ist ihr ähnlich, erhöht und erniedrigt durch den Käfig. Die Welt wird nicht durch die Gefangenen erlöst, auch nicht durch die Kinder, und vielleicht wird sie gar nicht erlöst. Die Gefangenen aber sind – in diesem Fall – durch ihr eigenes Unglück dazu gezwungen, Maß zu nehmen. In den kultivierten Mächtigen, die ihre Hände zum Stehlen aufhalten, erkennen sie wieder die alte Wahrheit – sie ist auf gefährliche Weise demagogisch, aber darum nicht weniger wahr –, wonach am Ursprung eines jeden Reichtums ein Diebstahl, am Ursprung jeder Macht ein Übergriff steht. In jenen kultivierten Mächtigen, die ihre Hände zum Stehlen aufhalten, erkennen sie die Verantwortlichen – nicht ihrer eigenen Schuld, denn für die sind nur sie selbst verantwortlich, sondern – der Schmach, die sie erleben, der schlechten Gesetze, der schlechten Administration, des vergessenen Gefängnisses, der gedemütigten Würde um der Gewinne halber wegen eingesetzten Strafe. In jenen Mächtigen erkennen sie wieder die zweierlei Gewichte und die zweierlei Maße – die tausenderlei Gewichte und tausenderlei Maße – der Gesetze und der Justiz, und sie vergleichen den eigenen Diebstahl mit deren Diebstahl, den nächtlichen Schrei des Jungen auf der Pritsche nebenan mit den donnernden Reden, die die Mächtigen über die moralische Pflicht hielten – und nie aufhörten, sie zu halten –, die Drogenabhängigkeit mit Strafmaßnahmen zu ahnden ... Als den Allerletzten dieser Erde ist es den Gefangenen unmöglich, die von denselben Mächtigen deklamierte Kumpanei und Nachsicht für das System aufzubringen. Dennoch verharren sie am Rande der Genugtuung und des plebejischen, rachsüchtigen Beifalls über den Ruin und die Enthebung jener von ihrem Thron. In dem Moment, da sie das Gefängnistor passieren, werden die Mächtigen zu Gefangenen, unbeholfenen, ungeschickten und ungeschlachten Häftlingen, denen die einfachsten Regeln der Kunst des Überlebens beizubringen sind. Die Bezeugungen der Mächtigen (und ihrer Stellvertreter, Gefreiten und Amtsgehilfen – alles Mächtige) über die im Gefängnis entdeckte, überraschende Welt der Brüderlichkeit und der Nächstenliebe, über Engel und übersinnliche Erscheinungen, wurden von erschrockenen Gemütern diktiert, die kaum wieder Mut gefaßt haben. Gleichwohl haben sie ihre Wahrheit; sie haben eine doppelte Wahrheit, erfüllt vom Sarkasmus gegenüber der unweigerlichen Konfrontation dieser neuen, infernalischen Welt, die ihnen als ein Reich der geretteten menschlichen Werte erschienen ist, und jener Welt, aus der sie kommen und in die sie unterdessen wieder zurückkehren: die Welt der Schutzgelder, der erpreßten und erschwindelten Ehrenbezeigungen, der intimen Freundschaften, die sich im Ablauf einer Stunde in Verrat und Schmähung verkehren. Noch ein weiterer Grund hält die Gefangenen, die Würde besitzen, von wohlgefälliger Scharfmacherei und von der Claque vor den Untersuchungsrichtern zurück: Sie kennen die Schlinge des Strangs vom Würgen am Hals und vom Druck der Handschellen und Eisenringen an den Handgelenken. Die Gefangenen, auch die anständigsten und nachdenklichsten, haben erhebliche Mühe in der Erwartung einer Gerechtigkeit der Gesetzbücher und der Richter: Nie und nimmer werden sie mit der Gerechtigkeit der Gesellschaft rechnen. Ihre unglückliche und klägliche Lage bewegt sie dazu, sich einem Verfahrensweg auszusetzen, der ihnen Rechtsgarantien ohne Komplizenschaft verbürgt, und sie macht sie immun vor der Unbarmherzigkeit gegenüber Konkurrenten. Eben deshalb eignet sich das Gefängnis, unversehens und einer Bühne gleich, zu einem erhöhten Beobachterstand, um dem Schlachtverlauf zu folgen. Unbequem, äußerst unbequem, aber – und sei es nur im schmalen Ausschnitt eines Spalts – fähig zur scharfen Landschaftsaufnahme. Im Gefängnis kann passieren, was bei Erdbeben – wirklichen, keinen politischen – geschieht: Alle laufen davon, zertrampeln sich gegenseitig, und die sieben Türen der Zelle bleiben verschlossen, bis sie über ihren alleingelassenen Insassen zusammenstürzen. Es ist schlimm, während eines Erdbebens im Gefängnis eingeschlossen zu sein, zumal in solch engen und verlassenen Kerkern wie heute. Manchmal aber kann es passieren, entweder infolge eines Scherzes, den das Schicksal treibt, oder infolge einer geheimnisvollen Lektion, daß die Orte sich bis auf den Grund verkehren.

Auf der Hauptinsel von Martinique steht ein Vulkan der im Jahre 1902 ausbrach und die ganze Stadt von Saint Pierre verschüttete. Ein einziger entkam, ein zum Tode Verurteilter, der in seiner befestigten Zelle eingeschlossen war. Danach hat man ihn begnadigt – überflüssige Maßnahme.

Das Gefängnis ist mit Schrift gefüllt – manchmal sogar mit einer wahren Graphomanie –, doch wer weiß, wohin sie sich wie die anderen Überbleibsel des Gefängnisses verflüchtigt. Einen weiten Raum nehmen die Korrespondenzen ein, desgleichen auch die Gedichte: In Rebibbia und in Bergamo gibt es Wettbewerbe für Gefängnislyrik. Unter den Schriften, die in diesen Jahren veröffentlicht worden sind, überwiegen natürlich solche, die von «politischen» oder «politisierten» Gefangenen verfaßt wurden. In der Mehrzahl dieser Bücher vermischt sich die Geschichte eines militanten politischen Kampfs und eines Justizereignisses mit der oftmals erdrückenden Schilderung des Gefängnisses. In anderen Fällen übertönt eine analytische oder essayistische Absicht die Erzählung. Außerordentlich selten, will mir scheinen, ist die Gefängnisliteratur aus der Hand von Aufsehern – indirekt wüßte ich nur von einem einzigen Titel, verfaßt von einem Wachmann aus Perugia (*Quando si finisce in carcere. Appunti di un agente di custodia* [«Wenn man ins Gefängnis kommt. Aufzeichnungen eines Wachbeamten»], Verlag La Cittadella, Assisi 1982); das ist ein bezeichnendes Indiz für die unterschiedlichen und gegensätzlichen Standpunkte von Gefangenen und Aufsehern, welche in anderer Hinsicht gar nicht so widersinnig zu vereinbaren wären. Selten, wenn ich mich nicht täusche, sind auch Schriften solcher Häftlinge, die der Mafia oder dem organisierten Verbrechertum angehören, abgesehen von dem neuerlich wachsenden Genre der Berichte von «Reuigen», die gewöhnlich von Journalisten oder Wissenschaftlern verfaßt werden und eher Gerichtsprotokollen als persönlichen Aufzeichnungen von Inhaftierten gleichen. Für mein Gefühl weiß man bedauerlicherweise allzu wenig über die Mafiosi im Gefängnis und über das Gefängnis der Mafiosi. Bücher über die Zigeuner und die außereuropäischen Immigranten im Gefängnis wurden von italienischen Häftlingen, Pädagogen oder Helfern herausgegeben: Es ist zu erwarten, daß die Immigranten unserer Gefängnisse binnen kurzem selber und in bestem Italienisch schreiben werden.

Unter den Büchern von «politischen» Häftlingen oder ehemaligen Häftlingen erinnere ich – außer an die von Renato Curcio allein oder zusammen mit anderen verfaßten oder herausgegebenen Schriften (vor allem und trotz des Hangs zur esoterischen Sprache: *Nel bosco di Bistorco*, gemeinsam mit Stefano Petrelli und Nicola Valentino, Edition Sensibili alle foglie, 1990) – an das intelligente Buch von Alberto

Magnaghi, *Un'idea di Libertà,* Manifesto Libri 1985, und jenes von Giuliano Naria, *In attesa di reato*, Verlag Spirali 1991, die Geschichte einer zwölf Jahre anhaltenden Inhaftierung «in Erwartung des Urteils». Viele hübsche Dinge sind in dem von Marianella Sclavi herausgegebenen Buch *Ridere dentro* («Lachen hinter Gittern»), Anabasi Verlag 1993, zu finden, einem gemeinsam mit Curcio, Petrelli, Valentino und Maurizio Iannelli veranstalteten «humoristischen Gefängnisseminar».

In den Jahren der ersten Diskussionen zur Überwindung des «Notstands» sind Zeitschriften wie «Antigone» von Bedeutung gewesen sowie – im eher wissenschaftlichen, für die Dokumentation des Strafrechtsdenkens und der internationalen Erfahrungen im Strafvollzug jedoch grundlegenden Zusammenhang – *Dei delitti e delle pene* («Von Verbrechen und vom Strafen») aus der Turiner Verlagsgruppe Abele. Beim römischen Verlag ARCI erscheint die Zeitschrift *Ora d'aria* («Hofgang»). Zeitungen und Zeitschriften werden aus verschiedenerlei Antrieben auch von Häftlingen und freiwilligen Helfern mehrerer Haftanstalten herausgegeben (am bekanntesten ist *La grande Promessa* [«Das große Versprechen»] aus dem Gefängnis von Porto Azzurro).

Die tausend Fragen und Probleme, die den italienischen Süden betreffen, stellen sich auch vom Gefängnis aus. Der Unterschied zwischen den Gefängnissen des Norden, des Südens und der Inseln ist kaum erforscht und vermutlich enorm, sowohl im Blick auf die materiellen und mehr noch auf die kulturellen und zivilen Bedingungen. Ich warte mit Spannung darauf, daß im spektakulären Sog von *Tangentopoli* die Fernsehkameras auch in den großen Gefängnissen des Südens zugelassen werden. Das verspricht Einblicke.

Minima criminalia (Manifesto Libri 1992) ist der Titel eines

Buchs von Giancarlo De Cataldo, eines jungen Richters, der für einige Jahre in der Haftaufsicht der Region Latium tätig war. Da Cataldo wollte seine juristische Vorbereitungszeit in jenem vernachlässigten und neuen Amt absolvieren, das sich ebenfalls vom Gozzini-Gesetz herleitet; denn vormals wurden die Haftaufsichtsrichter turnusweise ausgewechselt. Voller guter Absichten in der Anwendung des Rechts und mißtrauisch gegenüber einer «Resozialisierung» als Vorwand dafür, die Seele des Häftlings umzuformen und ihr anschließend die Wiederauferstehung zu bescheinigen, war und blieb De Cataldo davon überzeugt, daß ein Haftaufsichtsrichter vor allem eine Sache zu tun habe: «Im Gefängnis sein, drinnen zu leben. Gegenwärtig überwiegt die Linie, die Fälle auf dem Papier zu analysieren, um vom menschlichen Bezug unbeeinflußt zu bleiben. Notwendig ist dagegen, beständigen Kontakt mit dieser Realität zu halten.» (Interview mit M. Rossi, «Il Giorno» vom 22. September 1992.) Das Buch ist reich an Schilderungen persönlicher Fälle, Geschichten des Scheiterns an einer unabänderlichen Realität (beispielsweise für die Mitläufer des organisierten Verbrechertums), an der Stumpfheit, der Ängstlichkeit oder der Eitelkeit der Autoritäten und der Bürokratie (wie bei einer Anzahl von «Resozialisationen», die bis an einen bestimmten Punkt gelangten und dann wieder einbrachen), und auch am Irrtum (wie im Falle von «Zigeuner-Johnny», dem De Cataldo, der sich wie alle von einem makellosen Verhalten im Gefängnis täuschen ließ, eine Ausgangsgenehmigung erteilte, die tragisch endete).

Es bleiben die großen Bücher über das Gefängnis. Von der Lektüre der *Auferstehung* wird man immer bewegt sein. An wenigstens ein Buch möchte ich noch erinnern, an das *Tagebuch der Anne Frank,* wegen der Frage der Nacht. Der soeben erschienenen, erweiterten Edition (die Übertragung der holländischen Ausgabe von 1982 mit der Wiederherstellung solcher Passagen, die von Annes Vater zensiert worden waren) ist ein Brief vom 13. Juni 1944 mit bemerkenswerten Überlegungen zur Rolle der Frau und der Mutterschaft beigefügt. («Die Ansicht, daß es die Pflicht der Frauen ist, Kinder zu bekommen, wird sich, glaube ich, im Laufe des nächsten Jahrhunderts verändern. Sie wird einer Würdigung und Bewunderung für diejenige Platz machen, die ohne Murren und große Worte die Lasten auf ihre Schultern nimmt!») Dieser Brief enthält eine besonders «gefängnishafte» Stelle – das Gefängnis ist hier das «Hinterhaus», in dem Anne Frank und ihre Angehörigen die beiden Jahre vor der schicksalhaften Deportation zubrachten –, die bei Betrachtung der Natur und des nächtlichen Himmels den Ausdruck «Lüften» verwendet. «Liegt es daran, daß ich meine Nase so lange nicht in die frische Luft stecken konnte, daß ich so versessen auf alles bin, was Natur ist? Ich weiß noch sehr gut, daß ein strahlend blauer Himmel, zwitschernde Vögel, Mondschein und blühende Blumen früher meine Aufmerksamkeit lange nicht so gefesselt haben. Hier ist das anders geworden. Ich habe z.B. an Pfingsten, als es so warm war, abends mit Gewalt die Augen offengehalten, um gegen halb zwölf am offenen Fenster den Mond mal richtig und allein betrachten zu können. Leider führte dieses Opfer zu nichts, denn der Mond war zu hell, ich durfte kein offenes Fenster riskieren. Ein andermal, es ist schon ein paar Monate her, war ich zufällig abends oben, als das Fenster offen war. Ich ging nicht eher zurück, bis das Lüften vorbei war. Der dunkle, regnerische Abend, der Sturm, die jagenden Wolken hielten mich gefangen. Nach anderthalb Jahren hatte ich zum erstenmal wieder die Nacht von Angesicht zu Angesicht gesehen ...»

Ich habe über Silvio Pellico und über das lebhafte, vertraute und schülerhafte Echo geschrieben, das aus dem romantischen Kerker und dem Gefängnis der Irredentisten oder des Risorgimento zu einem kleinen Jungen meiner Generation drang.

Diese Lehrzeit im edlen Kerker setzte sich danach in der Bewunderung für die Besten unter den Älteren fort, die als Antifaschisten Bekanntschaft mit dem Gefängnis gemacht hatten. Ich war nicht bereit dazu, die Namen von Gramsci und Togliatti in einem Zug auszusprechen. Auf der einen Seite Gramsci, das Gefängnis und der Gefängnistod – auf der anderen Seite Togliatti. Die Dinge haben sich übrigens wenig geändert.

Über den Gramsci des Gefängnisses hatte ich viel nachgedacht, eher noch mehr, seitdem man der ideologischen Lektüre überdrüssig geworden war. Im Jahr 1985 erschien im Verlag Garzanti die italienische Übersetzung eines Buchs von Sten Nadolny mit dem beeindruckenden Titel *Die Entdeckung der Langsamkeit*. Es handelt sich um einen biographischen Roman über John Franklin (1786-1847), den Entdecker der legendären Nordwestpassage. Nadolny ließ sich von der überlieferten Notiz anregen, daß Franklin als kleines Kind ein «Spätentwickler» gewesen sei. Sein Hemmschuh war die Langsamkeit der Reflexe, des Festhaltens der Gedanken, ihrer Übersetzung und Verwandlung in Worte. Aus seiner Schwäche sollte Franklin letztlich seine Stärke machen: Er lernte, sich auf das zu konzentrieren, was den «Intelligenten» und den «Normalen» in der Eile entging. In der weißen, unentrinnbaren Zeit der Arktis geriet Franklins unerschütterliche Geduld zu einem entscheidenden Vorzug. Ein Polarforscher und ein langjähriger Gefangener haben viel miteinander gemein. In einem Brief vom Februar 1927 schrieb Gramsci an seine Schwägerin Tanja Schucht: «Ich lese ständig. Ich habe bereits Nansens Reiseberichte und andere Bücher gelesen, von denen ich Dir ein anderes Mal schreiben werde. Ich habe kein Unwohlsein irgendwelcher Art verspürt, abgesehen von der Kälte der ersten Tage ...» Nicht einmal zwei Monate später, im April, kommt Gramsci auf das Thema zurück – diesmal in einem Brief an seine Frau Julca: «Mein allgemeiner Gemütszustand ist von größter Ruhe geprägt. Wie soll ich das ausdrücken? Erinnerst Du Dich an Nansens Reise zum Pol? Weißt Du noch, wie sie verlief? Da ich davon nicht überzeugt bin, werde ich Deiner Erinnerung nachhelfen. Nansen, der die Wasser- und Luftströmungen des Nordmeeres studiert und dabei beobachtet hatte, daß sich an den Stränden Grönlands Bäume und Ablagerungen befanden, die asiatischen Ursprungs sein mußten, glaubte, zum Pol oder zumindest in die Nähe des Pols gelangen zu können, wenn er sein Schiff vom Eis treiben lassen würde. So ließ er sich vom Eis einschließen, und dreieinhalb Jahre lang bewegte sich sein Schiff nur, wenn sich die Eismassen *ganz langsam* verschoben. Mein Gemütszustand läßt sich mit dem von Nansens Matrosen während dieser phantastischen Reise vergleichen, die mich immer wegen ihrer wahrhaft epischen Konzeption beeindruckt hat.»

Das Buch, das Gramsci gelesen hatte, war der Reisebericht des norwegischen Polarforschers Fridtjof Nansen *In Nacht und Eis. Die norwegische Polarexpedition, 1893-1896*, in italienischer Übersetzung im Jahre 1897 im römischen Verlag Voghera erschienen. (Die Edition NUE von Gramscis *Gefängnisbriefen,* S. 32, bringt die Daten von Nansens Reise, 1893-1896, mit dem Erscheinungsjahr des Buchs durcheinander. Es ist auch möglich, daß Gramsci den anderen Expeditionsbericht von H. Johansen und B. Nordahl gelesen hatte, *Con Nansen verso il Polo Nord. La spedizione polare norvegese 1893-1896*, in italienischer Übersetzung ebenfalls im Verlag Voghera, Rom 1900, erschienen.) Zu Oslos Seefahrtsmuseen, die in einem schönen Außenbezirk liegen und alle Schiffstypen von den Wikingerschiffen bis zur Kon-Tiki von Thor Heyerdahl beherbergen, gehört auch der Pavillon, der Nansens Expedition und seinem Schiff, der *Fram*, gewidmet ist. Das norwegische Wort *Fram* bedeutet «Vorwärts», was zugleich der Name der Parteizeitungen der Sozialisten in Deutschland und in Italien («Avanti») ist, ein kämpferischer, auf den Vorstoß zielender Name. Doch Nansens *Fram* hatte eine merkwürdige Art vorwärtszukommen: Eingekeilt zwischen Eisbergen, ließ sie sich treiben. Der Museumsbesucher staunt vor allem über die wenig heroische Form des Schiffs, das lang, rund und flach, eher einem Schleppkahn gleicht als einem heldenhaften Eisbrecher. Aber gerade das war das Großartige an Nansens Idee: den Korpus seines kleinen Schiffs so abzurunden und abzuflachen, daß das Eis die Seiten nicht angreifen und zermalmen konnte, sondern am Holz entlanggleiten und das Schiff heben würde. Die von Nansen provozierte Bewegung war im Grunde eine Nicht-Bewegung – das ganze Schiff sollte «toter Mann» spielen und sich von der Polarströmung treiben lassen. Alles in allem war dies ein wohlbedachter Gebrauch von Geduld und Passivität.

Geduld: Sie gehört zu den Worten, die in Gramscis Briefen besonders häufig vorkommen. «Ich habe gelernt, geduldig zu sein», schreibt er allzu oft, als daß es sich um eine zufällige Beobachtung handeln könnte. Und was die Passivität angeht, so ist sie ein Grundbegriff jener Formel – *passive Revolution* –, in der sich die wichtigsten historischen und politischen Überlegungen Gramscis während der Gefängniszeit zum Kern verdichten. Übrigens kreisten diese Überlegungen um den Unterschied zwischen «Stellungskrieg» und «Bewegungskrieg» – Begriffe, die aus dem militärischen Wortschatz des Ersten Weltkriegs stammen. Der «Bewegungskrieg», das Manöver und der Frontalangriff, ist die Strategie, die die Oktoberrevolution – die letzte Revolution des 19. Jahrhunderts – unter den in Rußland herrschenden Bedingungen einer stark zentralisierten und von der Gesellschaft abgetrennten Macht ermöglicht hat. In den westlichen Ländern strebt die Macht dagegen danach, sich «molekular» (ein anderes Lieblingswort von Gramsci) auszubreiten und sich über die kräftigen Gelenke der Zivilgesellschaft zu verzweigen. Eher hierin als in der traditionellen Unterscheidung zwischen zyklischen Phasen von «Aufschwung» und «Niedergang» lag der Grund für eine Politik, die auf die Fähigkeit setzte, die Stellung zu halten, eine Hegemonie herzustellen – auf *Geduld* und *Langsamkeit* also.

Man kommt nicht umhin, hier eine Verbindung zu Gramscis persönlicher Situation als Gefangener herzustellen. Im Gefängnis kommt es bei Gramsci zum offenen Bruch mit der Partei, und zwar genau über solche Positionen, die aus «Ungeduld» und Sektierertum zu Verzerrungen führen wie die Wendung gegen den «Sozialfaschismus» (als Gleichsetzung von Faschismus und Sozialismus nichtsowjetischer Observanz) oder die Unterschätzung der Dauer des faschistischen Regimes. Konkret bedeutete eine vergleichbare Abweichung für Gramsci aber auch die dramatische Einsicht, daß das *Gefängnis sehr lange dauern würde* und daß er sich auf ein Leben in Gefangenschaft einrichten mußte. Schließlich ging das Leben ja weiter, und die Haft konnte keineswegs als vorübergehendes Training für den Augenblick der Befreiung und der Fortsetzung des Kampfes genutzt werden, wie es, mehr oder weniger kühn, mehr oder weniger unbesonnen, andere kommunistische Häftlinge taten, von denen Gramsci zunehmend stärker isoliert war und angefeindet wurde. Man muß die Kanten glätten, den Kiel abrunden, die eigene Zelle im Geiste so einrichten, als wäre sie eine Kabine der *Fram*, sich darauf einstellen, auf dem Eis zu treiben, sich nicht zermalmen lassen – und in die Ferne blicken.

Ein Wissenschaftler wäre natürlich nicht einmal im Traum darauf gekommen, Gramscis kritische Überlegungen über den Bewegungs- und den Stellungskrieg, über den Osten und den Westen mit der Lektüre von Nansen in Verbindung zu bringen, die im übrigen in Gramscis *Gefängnisheften* kein einziges Mal zitiert werden. Auch mir liegt es fern, die suggestive Metapher übermäßig zu strapazieren, die im übrigen von Gramsci selbst hervorgehoben wurde *(«Mein Gemütszustand kann mit dem der Matrosen von Nansen verglichen werden ...»)*. Sie macht jedoch auf eindrucksvolle und bewegende Weise deutlich, wie tiefgreifend die erzwungene Veränderung war, die nicht bloß die politische Linie, sondern das Leben und die ganze Auffassung des Lebens berührte: eine Rückkehr auch auf das Leben *vor* der Politik, auf die Zeit der Studien, der Verheißungen, als alles noch offen war und das Leben einen ganz anderen Verlauf hätte nehmen können. In einem langen Brief an seinen alten Lehrer Cosmo wird Gramsci schreiben: «Es stimmt, daß die Vergangenheit jetzt eine große Bedeutung für mich hat, als einzige sichere Sache meines Lebens, im Gegensatz zur Gegenwart und Zukunft, die meinem Willen entrückt sind und mir nicht zugehören.» Und in einem Brief aus dem Jahr 1930 heißt es: «Gerade heute habe ich das Buch aus der Biblioteca Antiquaria Hoepli erhalten; ich bedanke mich, doch teile ich mit, daß man mir keine Bücher dieser Art mehr schicken soll, denn im Gefängnis sind sie nutzlos; sie lassen mich nur bedauern, daß ich den Impulsen meiner Jugendzeit nicht nachgegeben habe, kein friedlicher Bücherwurm geworden bin, der sich von bedrucktem Papier ernährt und Abhandlungen über den Gebrauch des Imperfekts bei Sicco Polenton produziert.» Auch für sich hatte Gramsci also den Bewegungskrieg mit dem Stellungskrieg ersetzt – er hat die Geduld erlernt.

Ganz so abwegig ist sie nicht – die Annäherung des Forschungsreisenden an den Gefangenen. Wer sich mit Geduldsspielen und Geduldskünsten auskennt, weiß, daß sie einmal das Vorrecht der Gefangenen und der Mönche, der Seeleute und der Frauen waren, derer, die in langsamer und langer Zeit leben: Weben und Knüpfen, Flaschenschiffe, Gefängnisbriefe ...

Anhang

Anmerkungen

Seite 11, *eine Mordtat, von vor sechzehn Jahren:* die tödlichen Schüsse auf den Mailänder Polizeikommissar Luigi Calabresi vom 17. Mai 1972; dazu siehe Nachwort.

Seite 12, *das «Monster von Florenz»:* ein jahrelang gesuchter Mörder, der seine bizarren, mit chirurgischer Präzision verübten Taten vorzugsweise an Liebespaaren beging, die im Freien nächtigten.

Seite 12, *1970 in Turin:* auf dem Höhepunkt der von autonomen Arbeitergruppen im Bündnis mit linksradikalen Studenten organisierten Betriebs- und Hausbesetzungen.

Seite 13, *Querkopf Wilson:* der Titelheld des Romans «The tragedy of Pudd'nhead Wilson» von Mark Twain.

Seite 21, *Silvio Pellico:* der 1789 im piemontesischen Saluzzo geborene und 1854 in Turin verstorbene Dichter zählt zu den literarischen Wegbereitern der italienischen Einheitsbewegung Risorgimento. Wegen seiner patriotischen Publizistik und seiner Mitgliedschaft im Geheimbund der Carbonari wurde er 1820 von den österreichischen Besatzern verhaftet und nach langer Untersuchungshaft in Saluzzo, Mailand und in den berüchtigten Bleikammern von Venedig zunächst zum Tode verurteilt, dann zu zwanzigjähriger verschärfter Kerkerhaft begnadigt und schließlich nach der Festung Spielberg bei Brünn, dem habsburgischen Staatsgefängnis, überführt. Weite Verbreitung, vor allem im romantischen Deutschland – noch Ricarda Huch verglich ihn mit dem Maler Fra Angelico –, fanden seine 1832 verfaßten Erinnerungen *Le mie prigioni* («Meine Gefängnisse», zuletzt übersetzt von Günther Steinig, Safari Verlag, Berlin 1960), die Sofri weiter unten erörtert.

Seite 21, *Bodoni:* der für die typographische Gestalt und handwerkliche Sorgfalt seiner Bücher weltberühmte Drucker und Stempelschneider Giambattista Bodoni wurde 1740 in Saluzzo geboren.

Seite 21, *Rodolfo Morandi:* als Gegner des Faschismus hatte der 1902 geborene und 1955 verstorbene Schriftsteller, sozialistische Politiker und Senator die Jahre von 1937 bis zur Befreiung 1945 in Kerkerhaft verbracht.

Seite 24, *Gonzo:* der Name eines Gefängniswärters.

Seite 24, *Nunziatella:* nach dem Namen eines neapolitanischen Palasts und ehemaligen Noviziats der Jesuiten benannte Militärakademie, die Ende des 18. Jahrhunderts eingerichtet wurde und bis heute fortbesteht.

Seite 26, *Dobroljubow:* Nikolas Alexandrowitsch (1836-1861), russischer Philosoph, Literaturkritiker und Demokrat, der unmittelbar nach dem Erscheinen des «Oblomow» (1859) einen Essay unter dem Titel «Was ist Oblomowerei?» verfaßt und den Roman als eine Anklage gegen die vorhandene Gesellschaftsordnung gedeutet hatte (in deutscher Übersetzung in der Anthologie «Meister der Kritik», Verlag der Nation, Berlin-Ost 1953, S. 163-217).

Seite 26, *des «deutschen» Stolz:* «Stolz» ist – wie Olga und Sachar – der Name einer Figur aus dem berühmten Roman von Iwan Alexandrowitsch Guntscharow.

Seite 27, *der Radikalen Partei:* 1955 gegründete politische Sammlungsbewegung, die sich unter ihrem streitbaren Vorsitzenden Marco Panella vor allem für die Einhaltung der Bürgerrechte einsetzte.

Seite 28, *dem Kleinen Alpenjäger:* der als Kinderbuch in deutscher Bearbeitung «Mino. Der kleine Gebirgsjäger» genannte Roman «Il piccolo Alpino» von Salvatore Gotta aus dem Jahr 1926.

Seite 30, *In der Nacht vom 15. auf den 16. Dezember 1969:* der mysteriöse, offiziell zum Selbstmord deklarierte Todessturz des anarchistischen Eisenbahners Giuseppe Pinelli aus dem Vernehmungsbüro des Kommissars Calabresi im Mailänder Polizeipräsidium; für den Zusammenhang siehe Nachwort.

Seite 34, *habe ich anderswo berichtet:* im 1990 im Verlag Sellerio in Palermo erschienenen Buch «Memoria».

Seite 36, *Sie berichten von uns:* über die Verhaftung Sofris und seiner ehemaligen Mitgenossen der außerparlamentarischen linksradikalen

Sammlungsbewegung Lotta Continua, Ovidio Bompressi und Giorgio Pietrostefani.

Seite 37, *Randi:* das ist Sofris aus Norwegen stammende Ehefrau.

Seite 38, *Trani, Nuoro:* die Gefängnisse dieser Städte waren zu Beginn der achtziger Jahre Schauplätze von Revolten und bewaffneten Ausbruchsversuchen der «politischen» Gefangenen.

Seite 38, *der Besserung jetzt, den Erlaubnissen:* gemeint sind Hafterleichterungen.

Seite 43, *Corrado Alunni:* ein ehemaliger Fabrikangestellter, der zu den Roten Brigaden stieß und sie 1975 wieder verließ, um sich anderen Gruppen des bewaffneten Untergrunds anzuschließen. Im Sommer 1978 verhaftet, wurde er zu 30 Jahren Gefängnis verurteilt.

Seite 43, *Renato Vallanzasca:* ein besonders auffälliger Delinquent der siebziger Jahre, der in einem miteinander verflochtenen Netz von Terrorismus, Mafiaverbrechen und gewöhnlicher Kriminalität agierte.

Seite 45, *erspart geblieben:* Elsa Morante war nach langer Krankheit im Jahre 1985 verstorben. Ausführlicher über die Schriftstellerin und seine Bekanntschaft mit ihr schreibt Sofri in dem Essayband «Nahaufnahmen», Transit Buchverlag, Berlin 1999, S. 43-54.

Seite 46, *Julien Sorel:* der Held von Stendhals Roman «Rot und Schwarz».

Seite 47, *«Halbfreiheit»:* «semilibertà» heißt die Einrichtung des offenen Strafvollzugs in Italien.

Seite 48, *bei Dante:* Inferno III.22-23.

Seite 52, *Vorleid:* «presofferto» lautet der anachronistische Ausdruck im Original.

Seite 52, *Badu 'e Carros:* so heißt das Gefängnis der sardischen Stadt Nuoro.

Seite 53, *dem Buch von Angelo Ripellino:* «Magisches Prag», aus dem Italienischen von Pavel Petr, Wunderlich Verlag, Tübingen 1982.

Seite 53, *Arturos Insel:* ist der Titel des 1957 erschienenen Romans («L'isola di Arturo») von Elsa Morante.

Seite 54, *seinem Leidensgenossen:* das war der Musiker und Dichter Pietro Maroncelli (1795-1846), der seinen nahen Freund Pellico in die Carboneria eingeführt hatte. Beide wurden fast gleichzeitig verhaftet und zusammen eingekerkert.

Seite 54, *Enzo Tortora:* einst populärer Talk- und Showmaster im italienischen Fernsehen, der im Mittelpunkt einer Justizaffäre um das Wirken der neapolitanischen Camorra stand, als deren angeblicher Drogenkurier er angeklagt und 1985 zu zehn Jahren Gefängnis verurteilt wurde. Nach 22 Monaten Haft wurde er wegen erwiesener Unschuld in der zweiten Instanz freigesprochen. Die Radikale Partei ließ ihn unterdessen für das Europaparlament kandidieren und wählte ihn zu ihrem Parteivorsitzenden. Kurz vor seinem Tod im Jahre 1988 hatte Tortora noch einen Wiedergutmachungsprozeß gegen den italienischen Staat angestrengt.

Seite 59, *der Rose von Maroncelli:* Nach der Amputation seines erkrankten Beines durch einen Gefängnisarzt schweifte Maroncellis Blick vom abgeschnittenen Bein, das gerade weggetragen wurde, auf eine Rose, die am Fenster in einem Glas stand, woraufhin er Pellico bat, sie ihm zu bringen. Der Kranke überreichte sie «dem alten Arzt mit den Worten: ‹Ich habe Ihnen nichts anderes zum Zeichen meiner Dankbarkeit anzubieten.› Der Arzt nahm die Rose und weinte.» (Pellico, «Meine Gefängnisse», S. 170.)

Seite 59, *Prima Linea:* der Name («erste Reihe» oder «vorderste Front») der – neben den «Roten Brigaden» und den «Bewaffneten Proletarischen Zellen» – dritten, erstmals 1977 in Erscheinung getretenen linksradikalen Terrororganisation, deren Mitglieder nicht ausschließlich im Untergrund operierten, sondern einer unauffälligen bürgerlichen Hauptexistenz nachgingen.

Seite 61, *das Schicksal des letzten Sybaren:* in der spätantiken Tiergeschichte «Die tanzenden Pferde von Sybaris» aus der Sammlung «De natura animalium» («Über die Eigenheiten der Tiere» XVI.23) des Claudius Aelianus heißt es am Ende: «Die Pferde von Sybaris ... warfen ihre Reiter ab und begannen zu tanzen. So brachten sie die Front durcheinander und vertanzten den Krieg.»

Seite 61, *Samuel Pepys:* sein «Diary» erschien in deutscher Übersetzung unter dem Titel «Tagebuch aus dem London des 17. Jahrhunderts», ausgewählt von Helmut Winter, Reclam Verlag, Stuttgart 1980.

Seite 62, *Niccolò Tommaseo:* der italienische Schriftsteller und Politiker (1802-1874) lebte von 1832 bis 1840 im französischen Exil und war nach 1848 für kurze Zeit Unterrichtsminister der provisorischen Republik von Venedig. Sein Tagebuch («Diario intimo») erschien erstmals 1938, die «Unterredungen» mit Alessandro Manzoni wurden 1929 veröffentlicht.

Seite 62, *Giovanni Macchia:* 1912 geborener italienischer Romanist und Essayist.

Seite 62, *«Zweifeldrechsler»:* die Wendung stammt aus Canettis Sammlung von Aphorismen «Die Provinz des Menschen» (Elias Canetti, «Aufzeichnungen 1942-1985», Hanser Verlag, München 1993, S. 390).

Seite 63, *Der Ringschlüssel:* Unter diesem Titel wurde Primo Levis «La chiave a stella» von Barbara Kleiner ins Deutsche übertragen (Hanser Verlag, München 1992).

Seite 63, *Don Milanis «Brief über die Lust am Lernen»:* Lorenzo Milani (1923-1967), Priester, Reformpädagoge und Schriftsteller, der in Barbiana, einem kleinen Flecken auf einem Hügel in der Nähe von Florenz, die gleichnamige Schule gründete. Sein kurz vor seinem Tod verfaßter «Brief an einer Lehrerin» spielte eine wichtige Rolle in den italienischen Debatten von und nach 1968 und fand weite Verbreitung auch in Deutschland, wo er unter dem Titel «Die Schülerschule» und mit einem Vorwort von Peter Bichsel erstmals als «Rotbuch 21» des Verlags Klaus Wagenbach, Berlin 1970, erschienen ist.

Seite 65, *ununterbrochenen Kampf:* «lotta continua» schreibt Sofri im Original.

Seite 70, *Gesattelt:* «accavalato» heißt es im Original, was wörtlich «quer gelegt über» bedeutet, während der blauäugige Fiore dabei an Pferd («cavallo») denkt und «beritten» versteht.

Seite 70, *es ihr mit der Waffe am Hals zu besorgen:* «si sarebbe fatto una bruciapelo», was noch viel mehrdeutiger als schlicht obszön ist.

Seite 72, *Pisa und Massa als Schauplätze:* Laut den Beschuldigungen des «reuigen» Kronzeugen Leonardo Marino soll Sofri ihm 1972 in Pisa – am Rande einer Demonstration nach dem Tod eines Studenten bei einem Polizeieinsatz – den Auftrag zum Mord an dem Polizeikommissar Calabresi erteilt haben, und auf der Piazza degli Arranci von Massa habe Sofri ihn angeblich zur Ausführung der Tat beglückwünscht. In den Prozessen spielte die Frage, wie heftig es an jenem Tag in Pisa geregnet hatte, eine entscheidende und lange debattierte Rolle. Daß es nach den meteorologischen Nachforschungen zwar sehr heftig, aber doch nicht – entgegen Sofris Behauptung – wie bei einer Sintflut geregnet habe, wurde dem Angeklagten besonders schwer zur Last gelegt, da man ihn einer Lüge als Indiz für seine Schuld überführt glaubte.

Seite 74, *Angelo Mai:* aus Bergamo stammender Jesuit, klassischer Philologe und Entdecker bedeutender lateinischer Manuskripte, der von 1782 bis 1854 lebte und (seit 1838 als Kardinal) vor allem in der Vatikanischen Bibliothek in Rom wirkte.

Seite 74, *Bartolomeo Colleoni:* der berühmte Condottiere (1400-1475), den der Bildhauer Andrea Verrocchio mit dem Reiterstandbild vor der Kirche San Giovanni e Paolo in Venedig verewigte, wurde in Bergamo geboren und liegt im Mausoleum der dort nach ihm benannten Kapelle der Kirche Santa Maria Maggiore begraben.

Seite 74, *die Dalmine:* die Röhrenbaufabrik einer gleichnamigen Industriegesellschaft.

Seite 74, *Nullo, den Garibaldianer:* der bergamesische Patriot Francesco Nullo (1826-1893) hatte als Freiwilliger unter Giuseppe Garibaldi gekämpft, war als politischer Gefangener der Haft entkommen und schloß sich den polnischen Freiheitskriegern an, bis er als General in einer Schlacht fiel.

Seite 75, *Pesenti und der Zement:* eine alte lombardische Industriellenfamilie, die in Bergamo eine ihrer Zementfabriken eröffnet hatte.

Seite 75, *die Lombardisten:* die lombardischen Separatisten der «Lega Nord».

Seite 76, *Alessandrini:* Der mit Ermittlungen zum Bombenattentat auf der Mailänder Piazza Fontana (siehe Nachwort) und mit der Terrorismusbekämpfung betraute Richter Emilio Alessandrini war Opfer eines Anschlages der Roten Brigaden.

Seite 77, *das Buch «Cuore»:* das in Form von Tagebuchaufzeichnungen 1886 verfaßte, herzbewegende Jugenddrama des Sozialisten Edmondo de Amicis wurde unter dem Titel «Cuore. Eine Kindheit vor hundert Jahren» von Hans-Ludwig Freese ins Deutsche übertragen (3. Auflage, Freese Verlag, Berlin 1996).

Seite 90, *Emilio Salgari, den Goldenen Berg:* gemeint ist eine Erzählung des populären, auch triviale Stoffe nicht scheuenden veronesischen Schriftstellers (1862-1911).

Seite 99, *Fabrizio del Dongo und Clelia in Parma:* die beiden Helden und der Schauplatz von Stendhals Roman «Die Karthause von Parma».

Seite 106, *barbarischer Brauch:* diese Maßnahmen der «verdeckten Ermittlung» wurden im Falle Sofri, Bompiano und Pietrostefani wohl letztmals angewandt und mit der Reform des Strafprozeßrechts von 1989 abgeschafft.

Seite 108, *Mauro Rostagno:* eine weitere charismatische Figur der italienischen Studentenbewegung, der als Arbeitersohn aus der Schule der Arbeiterkultur um Mario Tronti und die Zeitschrift «Quaderni Rossi» kam und Mitbegründer und Führungsmitglied von Lotta Continua war. Nach der Selbstauflösung der Organisation arbeitete er in einem von der Sozialistischen Partei finanzierten Anti-Drogen-Projekt, das er wieder verließ, nachdem es sich als eine «Waschanlage» für illegale Geld- und Finanzierungsgeschäfte erwiesen hatte. In Trapani gründete er ein eigenes Projekt und arbeitete als Journalist für das Regionalfernsehen, wo er in einer täglich ausgestrahlten Sendung die Namen von Mafiosi und ihren Komplizen aus Politik, Wirtschaft und Verwaltung bekannt gab. Im Sommer 1988 fiel er einem bis heute unaufgeklärten Mordanschlag zum Opfer.

Seite 109, *die Geschichte von Trotzki:* gemeint ist Leo Trotzkis «Mein Leben. Versuch einer Autobiographie» von 1931.

Seite 123, *De profundis:* so lautete der Titel von Oscar Wildes langem Brief aus dem Zuchthaus Reading von 1897 an Lord Alfred Douglas («De profundis. Epistola in carcere et vinculis»).

Seite 123, *die elegante Welt des Lichtes und der Farben:* eine weitere Paraphrase aus Wildes «De profundis».

Seite 126, *des Talionssystems:* die Rechtslehre von der Vergeltung von Gleichem mit Gleichem.

Seite 129, *Renato Curcio:* der Mitbegründer der Roten Brigaden, der – wie der mit ihm befreundete Mauro Rostagno – von der Soziologischen Fakultät der Universität Trient kam, geriet schon 1974 in Haft, doch gelang ihm bald die Flucht aus dem Gefängnis. Ohne an Aktionen beteiligt gewesen zu sein, bei denen Menschen körperlich zu Schaden kamen, wurde er nach seiner erneuten Festnahme 1976 wegen der Teilnahme an Gefängnisrevolten und für spätere Aktionen der Roten Brigaden zu immer neuen Gefängnisstrafen verurteilt, die sich auf über 50 Jahre summierten. Den «bewaffneten Kampf» erklärte er frühzeitig für beendet und betrieb vom Gefängnis aus die Selbstauflösung der Brigaden, doch weigerte er sich, seine Mitgenossen zu belasten. 1993 erhielt er den Status eines Freigängers und arbeitet seither in dem von ihm mitbegründeten Verlag Sensibile alle Foglie am Aufbau und der Edition eines «Progetto Memoria» genannten Archivs jener Jahre; mehrere Bände sind bereits erschienen («La mappa perduta», Rom 1994, und «Sguardi ritrovati», Rom 1995). Siehe ferner: Renato Curcio, «Mit offenem Blick. Ein Gespräch zur Geschichte der Roten Brigaden in Italien», übersetzt von Dario Azzellini, ID Verlag, Berlin 1977.

Seite 129, *jenes Gesetz Nr. 180:* es leitete die Reform des Systems zur Behandlung von Geisteskrankheiten durch Abschaffung der geschlossenen psychiatrischen Anstalten ein.

Seite 129, *Franco Basaglia:* der 1942 geborene und 1980 verstorbene venezianische Psychiater war der geistige Initiator der Reform.

Seite 134, *«Loslösung»:* gemeint ist die «dissociazione», der erklärte Bruch mit der militanten oder terroristischen Vergangenheit und die Bereitschaft zur Zusammenarbeit mit der Justiz als Voraussetzungen für die Gewährung von Hafterleichterungen.

Seite 135, *dem Videoclip von Baccini:* Francesco Baccini ist ein Schlagersänger, der auf dem Album «Nomi e cognomi» über Renato Curcio ein Lied schrieb, zu dem in der Zelle auch ein Videoclip aufgenommen wurde.

Seite 138, *Tangentopoli:* «die Stadt der Tangenten» – «tangenti» sind die «Schmiergelder» –, Schlagwort für die 1992 aufgedeckten illegalen Praktiken der Parteifinanzierungen. Die in der Folge von den federführenden Mailänder Staatsanwälten bewirkte Aktion *Mani pulite* («saubere Hände») führte zu einer Staatskrise und zum Zusammenbruch des politischen Nachkriegs- und Parteiensystems in Italien.

Seite 139, *Cesare Beccaria:* ein gelehrter Mailänder Jurist (1739-1794), der mit der 1764 verfaßten Schrift «Von den Verbrechen und den Strafen» zum Vorkämpfer für die Abschaffung der Folter und der Todesstrafe wurde.

Seite 144, *San Patrignano:* eine von Skandalen und mysteriösen Verbrechen umgebene therapeutische, auch politisch ambitionierte Gemeinschaft für Drogenabhängige, die neben der Pferdezucht eine Kürschnerei unterhält.

Seite 147, *Gad Lerner:* bekannter italienischer Fernsehjournalist und Moderator.

Seite 159, *das Büro verwechselt:* zu den «Spielregeln» von Tangentopoli gehörte es, Geldübergaben nie im eigenen Büro stattfinden zu lassen.

Seite 160, *Für Montecitorio:* der barocke römische Palazzo Montecitorio ist der Sitz des italienischen Parlaments.

Seite 161, *Professor Miglio:* Gianfranco Miglio, ein Universitätsprofessor, der in den separatistischen Anfängen von Umberto Bossis Lega Nord als deren Chefideologe einen Plan zur Dreiteilung Italiens entwarf.

Seite 161, *der Schmerz des Richters Caponetto:* über die Ermordung seiner Kollegen Falcone und Borsellino. Der Florentiner Antonino Caponnetto, der als langjähriger leitender Staatsanwalt in Palermo wirkte, war der geistige und juristische Vorkämpfer und Initiator der Erhebung des Kampfes gegen die Mafia zur nationalen Aufgabe.

Seite 164, *ISPES:* ein Meinungsforschungsinstitut.

Seite 164, *dem Blutbad von Capaci:* die Ermordung von Giovanni Falcone, dem Leiter der Nationalen Behörde zur Bekämpfung der Mafia durch einen Sprengstoffanschlag in der Nähe von Palermo.

Seite 165, *Victor Hugos bestes Buch:* «Le dernier jour d'un condamné», ist als Einzelausgabe 1925 auch auf Deutsch erschienen, in der Übertragung von Alfred Wolfenstein und mit der Einbandillustration von Rudolf Schlichter, als Band 9 der «Malik Bücherei» des Malik Verlags Berlin.

Seite 169, *Piero Ottone:* bekannter italienischer Journalist und ehemaliger Chefredakteur des «Corriere della Sera».

Seite 183, *Togliatti:* Palmiro Togliatti (1896-1964), war ein weiterer Mitbegründer der KPI und nach der Rückkehr aus dem Exil (1926-1944) und bis zu seinem Tode deren Generalsekretär.

Seite 183, *Über den Gramsci des Gefängnisses:* Eine kürzere Variante der Schlußseiten über den 1926 von den Faschisten verhafteten, zu zwanzig Jahren Gefängnis verurteilten und 1937 im Gefängnis verstorbenen Mitbegründer der Kommunistischen Partei Italiens, dessen intellektuelle Bedeutung weit über den Marxismus hinausreicht, war unter dem Titel «Compagno Giobbe» («Genosse Hiob») 1987 in dem italienischen Nachrichtenmagazin «Panorama» erschienen und wurde in dieser Version auch in den deutschen Auswahlband von Essays und Reportagen Sofris, «Nahaufnahmen», S. 14-17, übernommen. Mit kleineren Änderungen, die dem Wortlaut der späteren Buchfassung folgen, wurde – unter Einschluß der Gramsci-Zitate – hier die Übersetzung von Gertraude Grassi zugrundegelegt.

Seite 184, *Gramscis Gefängnisbriefen:* erschienen in Deutschland bisher nur in längst vergriffenen Auswahlbänden (Dietz Verlag, Berlin-Ost 1956, und S. Fischer Verlag, Frankfurt am Main 1972).

Seite 186, *Gramscis Gefängnisheften:* Die umfangreichen «Quaderni del carcere» erscheinen seit 1995 auch in Übersetzung im Rahmen eines Deutschen Gramsci-Projekts, herausgegeben von Klaus Bochmann und Wolfgang Fritz Haug, im Argument Verlag Hamburg.

Seite 187, *Sicco Polenton:* war ein Jurist und Humanist aus Padua (1375/76-1447), der zahlreiche altlateinische Werke edierte und kommentierte.

Seite 187, *Weben und Knüpfen:* zählen zu Sofris Lieblingsthemen, siehe sein auch auf Deutsch, in Hans Magnus Enzensbergers «Die andere Bibliothek» erschienenes Buch «Der Knoten und der Nagel. Ein Buch zur linken Hand», übersetzt von Walter Kögler, mit einem biographischen Essay von Carlo Ginzburg, Eichborn Verlag, Frankfurt am Main 1998.

Nachwort

«Ich aber bin im Gefängnis.»

Ein Journal aus dem anderen Italien

Adriano Sofri wurde 1942 als Sohn eines Marineoffiziers und einer Lehrerin in der italienischen Hafenstadt Triest geboren und verbrachte seine Kindheit auch noch in einer weiteren maritimen Grenzregion, in Apulien. Nach dem Schulbesuch in Rom studierte er Philologie an der Eliteuniversität Ecole Normale Superiore in Pisa. Auf dem Höhepunkt der Studentenbewegung, die im sogenannten «heißen Herbst» des Jahres 1969 die Allianz mit den Streikbewegungen und Arbeiterkämpfen in den norditalienischen Industriezentren suchte, gründete Sofri gemeinsam mit Mauro Rostagno und Guido Viale die linksradikale Sammlungsbewegung Lotta Continua («Ständiger Kampf»), deren charismatischer Kopf er war.

Durch ihre Verlautbarungen, die in der Reihe «Internationale Marxistische Diskussion» des Berliner Merve Verlags und in Publikationen anderer linker Verlage in den frühen siebziger Jahren auch in Deutschland erschienen, mehr aber noch durch ihre bunte, tönende Folklore, durch das plakative Emblem einer aus einem Fabrikschlot herausragenden geballten Faust sowie durch fahrende Genossen, die unter den italienischen Gastarbeitern agitierten, strahlte Lotta Continua auch nach Deutschland aus. Mit Peter Schneiders Erzählung «Lenz» von 1973 über die italienische Erweckung eines Berliner Studenten avancierte die einstige Außeninsel der Weimarer Glückseligen zum gelobten Land für die Sommerfrischen des linken Bewußtseins. Scharen deutscher Revolutionstouristen pilgerten nach Turin, Mailand und Bologna, und Lotta Continua regte zu ähnlichen Organisationsgründungen an: Sie reichten von der gemäßigt «marxistisch-leninistischen» Hamburger Gruppe «Arbeiterkampf» bis hin zum «spontaneistischen» Frankfurter Bund «Revolutionärer Kampf», von dem die politische Karriere des derzeitigen deutschen Bundesaußenministers ihren Ausgang nahm.

Als sich die «roten» Jahre zu «bleiernen» wandelten, doch lange vor deren Höhepunkt, als die terroristischen Roten Brigaden den Staatsmann Aldo Moro entführten und ermordeten, verabschiedete sich Lotta Continua – paralysiert zudem von der Revolte der in ihr organisierten Frauen gegen die männlichen Führungsgenossen – von der Idee und Praxis des militanten Kampfes und löste sich 1976 auf. Sofri zog sich in die Philologie und in das bürgerliche Leben eines freien Publizisten zurück und war zuletzt Dozent für die Theorie der Massenkommunikation an der Akademie der Schönen Künste von Florenz – bis zu jener Morgenstunde der «Einbrüche» in eine beinahe pastorale Szenerie, die am Anfang seiner Schilderung steht. Was dieser Stunde vorausging und wer die Verantwortung für jenes meuchlerische «Vermächtnis» trug, dessentwegen Sofri und seine ehemaligen Mitgenossen Ovidio Bompressi und Giorgio Pietrostefani im Sommer 1988 verhaftet und unter Mordanklage gestellt wurden, blieb wie so vieles in der italienischen Nachkriegsgeschichte bis heute im Dunkeln und wird es wohl auch künftig bleiben.

Der Inhalt dieses Buchs wurde in zwei getrennten Zeiträumen verfaßt. Der erste Abschnitt ist Teil eines Gefängnistagebuchs, das Sofri während der Untersuchungshaft führte. Der zweite Abschnitt wurde der italienischen Erstveröffentlichung von 1993 hinzugefügt, als Sofri mit seinen persönlichen Gefängniserfahrungen – doch für die Dauer der Instanzenwege auf freiem Fuß – in die Zellen und Verließe der anderen blicken konnte, auch derer, denen er seine unbequeme Lage verdankte: Es war die Zeit der *mani pulite*, der Aufdeckung der

Korruption unter der politischen Klasse Italiens. Eine Reihe mutiger Richter und Staatsanwälte hatte den Versuch unternommen, Licht in das Dunkel der politischen Skandale und Staatsverbrechen der zurückliegenden Jahre und Jahrzehnte zu bringen. Mit einem Mal endete die Karriere vieler italienischer Politiker im Gefängnis, auch wenn einer der Hauptschuldigen, der Parteichef der Sozialisten und ehemalige Ministerpräsident Bettino Craxi, ins nordafrikanische Ausland floh, wo er sich zum «verfolgten Exilanten» verklärte, bis er 1999 verstarb. Unterdessen hat sein vormals engster Geschäftspartner und dienstbarster Klient, der Mailänder Medienzar und Milliardär Silvio Berlusconi, mit einer aus Populisten und Postfaschisten gebildeten Koalition die Staatsmacht übernommen. Dem langen Register von Ermittlungen, Anklagen und Verurteilungen wegen Meineids, Steuerbetrugs und Korruption hatte sich Berlusconi durch Amnestie, durch juristische Verschleppung bis zur Verjährung und im christlichen Jubiläumsjahr 2000 durch einen spektakulären Freispruch entzogen, der dermaßen großzügig ausfiel, daß darüber sogar die eigenen Anwälte fassungslos waren.

Adriano Sofri hingegen weigerte sich, dem Rat seiner Freunde (und auch mancher seiner Feinde) zu folgen, ins Ausland zu gehen oder dort zu bleiben, wo er in den Prozeßpausen als Kriegsreporter unterwegs war und an internationalen Hilfeleistungen auf dem Balkan und in Tschetschenien teilgenommen hatte. Regelmäßig und freiwillig stellte er sich seinen Richtern und Haftvollstreckern, um – statt Gnade, die zu ersuchen er sich standhaft weigert – Recht und ein menschenwürdiges Verfahren zu verlangen. Dafür ist er seit beinahe fünf Jahren in einer Zelle von drei auf zwei Metern des Pisaner Strafgefängnisses Don Bosco eingesperrt. So hat dieses Buch, in dem die Zeit auf gespenstische Weise angehalten und eingefroren zu sein scheint, seit seiner Entstehung an beklemmender Aktualität zugenommen.

«Die Zeit selbst», schrieb der Häftling Oscar Wilde im Jahr 1897 aus dem Zuchthaus von Reading, «schreitet für uns nicht fort, sie rotiert», so wie der Gefangene auf seinem Hofgang – *all'aria,* wie der zugehörige italienische Ausdruck allzu euphemistisch heißt – immerzu im Kreise trottet. An der Unmöglichkeit, im Gefängnis die Zeit zu messen, kann auch der Leser von Sofris Buch Anteil nehmen. Beim Versuch, die Zeit des hier Erzählten zu messen und sich der Chronologie der Ereignisse rechnerisch zu vergewissern, wird er die unheimliche Erfahrung einer Rotationsbewegung um eine einzige Achse machen, aus deren andauerndem Sog es, wie unter einem Schraubstock, anscheinend kein Entkommen gibt: Als sei man selbst dort eingetreten – und sei es auch nur deshalb, weil an der Stelle der Gefängniszelle schwarze Löcher in der Erinnerung klaffen.

«Wie lange dauern dreißig Jahre?», fragte Adriano Sofri zurück, als er von der Zeitung «La Repubblica» turnusmäßig – wie schon zu jedem vorangegangenen halben und vollen Dezennium – darum gebeten wurde, der Zeit von 1968 zu gedenken: Diesmal aber aus dem Gefängnis, zu dem er nach einem beinahe zehnjährigen Instanzenweg voller Schuldsprüche und Freisprüche, Aufhebungen, Revisionen und Bestätigungen Ende 1997 rechtskräftig verurteilt worden war. «Die Jahrzehnte vergehen im Flug, gewisse Nachmittage aber dauern ewig lange», hatte Sofri eine Dekade zuvor, noch kurz vor seiner Verhaftung geschrieben. Die Frage hätte besser gelautet: Wie lange dauern dreißig Jahre, zusätzlich zweiundzwanzig Jahre Gefängnis, überdies für einen heute – im Jahr 2001 – Neunundfünzigjährigen, dessen Freilassung erst für das Jahr 2017 vorgesehen ist? Von einem «Todesurteil» – das nach einem letzten, von der «anderen» Seite durch ein prozeßtaktisches Manöver zu Fall gebrachten Wiederaufnahmeverfahren im vergangenen Jahr höchstrichterlich bestätigt wurde – sprach der italienische Publizist Giorgio Bocca in einem Leitartikel der «La Repubblica».

Sofri selbst hatte seine Richter brieflich darum gebeten, ihr Urteil so zu fällen, als müßten sie über einen Todeskandidaten entscheiden, dem sie den – hier eklatant mißachteten – Grundsatz *in dubio pro reo* gewiß nicht verweigern würden.

Vielleicht ist es müßig, nachzuzählen und nachzurechnen, und ergebnislos ist es ohnehin: Wie lange dauert ein Sommer? Wie lange dauerte der «heiße Herbst» des Jahres 1969? Ihm folgte am 12. Dezember 1969 ein Schlüsselereignis der italienischen Nachkriegszeit, das am Anfang einer langen Kette blutiger Anschläge stand, hinter denen die außerparlamentarische Linke – wie man heute weiß, nicht ganz zu Unrecht – *la strage di stato*, eine «staatlich gelenkte Metzelei» vermutete, bei der in- und ausländische Geheimdienstorgane, militärische Putschisten und neofaschistische Banden Hand in Hand wirkten: Der Bombenanschlag auf eine belebte Bank inmitten von Mailand, nahe des Doms, mit vielen Toten und Verletzten, dem weitere Attentate in Brescia und in Rom folgten, bis hin zu dem Massaker des Jahres 1979 im Bahnhof von Bologna und den todbringenden Bomben in den Zügen der italienischen Staatsbahn.

Wie lange dauerte, gleich nach dem Anschlag auf der Mailänder Piazza Fontana, jene «Nacht vom 15. auf den 16. Dezember 1969», die vom Todessturz des von der Polizei verhörten anarchistischen (und pazifistischen) Eisenbahners Giuseppe Pinelli aus dem Fenster des mit Beamten vollbesetzten kleinen Dienstzimmers des Kommissars Luigi Calabresi überschattet wurde? Die gleichnamige Tageszeitung von Lotta Continua eröffnete damals eine lautstarke Kampagne und machte die Polizei und Calabresi persönlich für Pinellis Tod verantwortlich. Als jener dagegen eine Verleumdungsklage anstrengte, hatte Lotta Continua jedoch schon so viele Ungereimtheiten über den Fall gesammelt, daß die Verteilung der Plätze im Gerichtssaal ins Wanken geriet, bis Calabresis

Anwälte den Prozeß zum Platzen brachten, um gerichtsmedizinische Nachuntersuchungen zu verhindern.

Wie lange dauerte der Morgen des 11. Mai 1972, als derselbe Calabresi, zuletzt mit den Untersuchungen über den rätselhaften Tod des Verlegers Feltrinelli betraut, von tödlichen Kugeln getroffen vor seinem Haus in der Mailänder Via Cherubini zusammenbrach? Vollmundig brachte die Zeitung von Lotta Continua damals ihre ‹klammheimliche Freude› über die Tat zum Ausdruck. Doch ohne einen einzigen Beweis oder überzeugende Indizienbefunde, sondern allein aufgrund der um 16 Jahre verspäteten Aussage des «reuigen» Kronzeugen Leonardo Marino wurden Sofri und Pietrostefani als damalige Führungskader von Lotta Continua wegen vermeintlicher Anstiftung zum Mord und Bompressi als angeblicher Todesschütze verurteilt. Marino, der sich als Fahrer des Fluchtwagens zu erkennen gab und sich selbst und seine ehemaligen Mitgenossen angeblich – doch längst widerlegt – spontan und aus freiem Antrieb der Täterschaft bezichtigt hatte, erkaufte sich durch seine Aussagen Strafnachlaß, Freilassung und Wohlstand.

Für die italienische Justiz ist der Fall heute «endgültig, unwiderruflich und definitiv» abgeschlossen. Bompressi, der zur Zeit der Anklageerhebung im sicheren Frankreich lebte, doch sich den italienischen Behörden aus Solidarität mit seinen Mitangeklagten freiwillig stellte, hat sich nach mehrjähriger Haft und noch vor der Urteilsverkündung im Wiederaufnahmeverfahren nach Frankreich abgesetzt. Pietrostefani war im Gefängnis schwer erkrankt und erhielt Haftverschonung. Zurück bleibt heute nur noch ein beschämender politischer «Fall Sofri», eine «italienische Katastrophe», wie Antonio Tabucchi sie nannte – ein «Fall Italien», der das übrige Europa und seine Institutionen anginge. Über Sofris Fall in einem Land, in dem allzuviele Unschuldige in überfüllten und teilweise menschenunwürdigen Gefängnissen eingesperrt sind, schrieb Hans Magnus Enzensberger vor einem Jahr: «... nirgends in Europa hat sich die Justiz so weit vom Verstand der Menschen entfernt wie in Italien. Jeder, der dieses herzliche Land kennt, weiß, daß er sich hüten muß, mit ihr in Berührung zu kommen, es sei denn, er sei ein Krimineller. In diesem Fall ist ihr Zustand von unschätzbarem Vorteil.»

Diese Nachbemerkungen des Übersetzers waren (neben erklärenden Anmerkungen zum Text) an den deutschen Leser gerichtet, sofern dieser mit der schon oft beschriebenen Justizaffäre und ihren Hintergründen nicht vertraut ist. Im gemeinsamen Nachbarland Frankreich wird der Fall mit der Dreyfus-Affäre der vorletzten Jahrhundertwende verglichen. Den Historiker Carlo Ginzburg erinnert er an sein Spezialgebiet, die Inquisitionsprozesse des 16. und 17. Jahrhunderts, und er hat ihm schon vor Jahren ein Buch mit einer minutiösen Untersuchung der Prozeßakten gewidmet: «Der Richter und der Historiker» (mit einem Vorwort von Thomas Schmid, Wagenbach Verlag, Berlin 1991).

Mit Adriano Sofri ist jedoch nicht nur ein Gefangener, sondern auch ein Schriftsteller zu entdecken, der keine der hiesigen, an die italienische Literatur gerichteten Stereotypen erfüllt. In lakonischer Verknappung, mit rücksichtsloser Melancholie und bissigem Sarkasmus hintertreibt er sämtliche romantischen Vorstellungen, die sich mit dem Gefängnis als einem vermeintlich idealen Schreibort zur Befreiung der «Gedanken» und der «Seele» verknüpfen. Die Protokolle seiner Zwangsexpedition in «die Gefängnisse der anderen» gleichen einer Proustschen Recherche unter kafkaesken Verhältnissen. Sie erklären den Unwillen eines unfreiwilligen und anachronistischen Romanhelden, sich mit der deplazierten Rolle in einer von anderen ersonnenen phantastischen Handlung abzufinden, und sie klagen die Schmach und die Schande des Gefängnisses an. Seit Jahren läßt Sofri als Leitartikler von «La Repubblica» wie als Tageskolumnist der Zeitung «Il Foglio» wohl keinen Tag und keine wache Stunde mehr unbeschrieben. Eine Auswahl seiner täglich erscheinenden «Piccola Posta», der wie von der Beobachterwarte einer Gefängnisinsel aus versandten Flaschenpost, wird diesem Buch folgen.

Im Juni 2001 *Volker Breidecker*